Soziale Demokratie – Kurz und Klar 4
EUROPA

Herausgegeben von der
Friedrich-Ebert-Stiftung
Abteilung Politische Akademie
Akademie für Soziale Demokratie
Bonn, Oktober 2017

Redaktion: Barbara Mounier, Klar & Deutlich – Agentur für Einfache Sprache
Dr. Markus Trömmer, Akademie für Soziale Demokratie
Jochen Dahm, Akademie für Soziale Demokratie
Illustrationen: Jurjen Kraan, Alice Well
Kontakt: markus.troemmer@fes.de, jochen.dahm@fes.de
Druck: Druckerei Conrad GmbH, Berlin
Layout und Satz: Jurian Wiese, Spaß am Lesen Verlag, Münster/Amsterdam

Dieses Buch aus der Reihe Kurz und Klar basiert auf dem Lesebuch 4, *Europa und Soziale Demokratie*, auch herausgegeben von der Friedrich-Ebert-Stiftung.

Wollen Sie diesen Text gewerblich nutzen?
Dann brauchen Sie die schriftliche Zustimmung der Friedrich-Ebert-Stiftung.

ISBN: 978-3-95861-861-9

Soziale Demokratie – Kurz und Klar 4
EUROPA

INHALT

Vorwort — **7**

Kapitel 1 Europa verständlich — **10**

1.1 Die Kurz und Klar-Reihe — **13**
1.2 So ist dieses Buch aufgebaut — **14**

Kapitel 2 Denken über Europa — **16**

2.1 Grundwerte und Grundrechte — **17**
2.2 Warum ist Europa wichtig für die Soziale Demokratie? — **21**
2.3 Fünf Prinzipien für Europa — **24**
2.4 Wie schaffen wir ein soziales Europa? — **30**

Kapitel 3 Die Geschichte der EU — **34**

3.1 Wie Europa zusammenwuchs — **35**
3.2 Zeitlinie — **39**

Kapitel 4 Wie funktioniert die EU? — **47**

4.1 Der Europäische Rat — **50**
4.2 Der Ministerrat — **52**
4.3 Die Kommission — **55**
4.4 Das Parlament — **57**
4.5 Der Gerichtshof — **60**
4.6 Wie entsteht ein EU-Gesetz? — **62**

Kapitel 5 Wichtige Reformideen   **67**

5.1 Demokratie   **68**
5.2 Wohlstand   **74**
5.3 Sozialer Ausgleich   **86**
5.4 Nachhaltigkeit   **93**
5.5 Frieden   **99**

Kapitel 6 Parteien und Europapolitik   **104**

6.1 SPD   **106**
6.2 CDU   **110**
6.3 Bündnis 90/Die Grünen   **112**
6.4 FDP   **114**
6.5 Die Linke   **116**
6.6 AfD   **118**
6.7 Die Parteien im Vergleich   **120**

Kapitel 7 Weiterdenken   **122**

7.1 Was sagt der Brexit über Europas Zukunft?   **122**
7.2 Zehn Irrtümer über Europa   **126**
7.3 Weiterdenken   **129**

Mehr wissen?   **131**

VORWORT

Europa hat großen Einfluss auf unser Leben. Gesetze aus Brüssel bestimmen überall in Deutschland den Alltag. Über die Vorteile der EU sind sich alle einig: Ein starkes Europa garantiert Frieden und Freiheit für alle Einwohner.
Doch viele Menschen haben auch Kritik an Europa. Einige sagen: "Die Europäische Union ist nicht demokratisch genug", oder "Die EU hat zu viele Regeln", oder "Europa arbeitet viel zu langsam". Was können wir ändern? Was müssen wir ändern?

Die Akademie für Soziale Demokratie bietet allen, die sich für Politik interessieren, Informationen und Seminare. Bei der Akademie gibt es Antworten auf Ihre Fragen und Anregungen zum Weiterdenken.

Der ideale Einstieg
Unsere Reihe *Soziale Demokratie Kurz und Klar* bildet den idealen Einstieg, um die Ideen der Sozialen Demokratie kennenzulernen. In den Büchern der Reihe *Kurz und Klar* behandeln wir die wichtigen Themen der Politik.

Und zwar mit kurzen Texten in verständlicher Sprache. Hier finden Sie gut lesbare Einführungen und viele praktische Beispiele aus dem politischen Alltag.

Das sind Jan und Anna.
Jan macht eine Ausbildung. Er hat viele Fragen zu Politik und Gesellschaft. Anna setzt sich für mehr Soziale Demokratie ein. Sie erzählt gerne, was Soziale Demokratie ist.

Europa
Im vierten Buch dieser Reihe geht es um Europa. Für die Soziale Demokratie ist die Mitarbeit von Deutschland in Europa besonders wichtig. Freiheit, Gerechtigkeit und Solidarität: Um diese Grundwerte zu verwirklichen, brauchen wir eine demokratische und soziale Europäische Union.

In diesem Band wollen wir die Europapolitik leichter verständlich machen. Wie entstand die europäische Zusammenarbeit? Welche Institutionen gibt es? Welche Chancen und welche Probleme bringen die kommenden Jahre? Und welche Antworten hat Soziale Demokratie für die Herausforderungen der Zukunft?
Das – und vieles mehr – lesen Sie in diesem handlichen Buch.

Den eigenen Weg bestimmen

Unser Symbol ist der Kompass. Der Kompass ist ein Instrument aus der Seefahrt. Damit kann man die gewünschte Richtung finden. Die Akademie will Menschen helfen, den eigenen politischen Weg zu bestimmen. Wir freuen uns sehr, wenn diese Buchreihe dabei hilft. Denn Politik wird gut, wenn viele mitdenken und mitmachen.

Jochen Dahm

Leiter
Akademie für Soziale Demokratie

Dr. Markus Trömmer

Projektleiter
Publikationen der Akademie für Soziale Demokratie

Warum Alltagssprache?
Wir wollen, dass alle verstehen,
worum es in der Sozialen Demokratie geht.
Darum ist die Buchreihe *Kurz und Klar*
in leicht verständlicher Sprache geschrieben.

1

EUROPA VERSTÄNDLICH

Der Begriff *Europa* kann vieles bedeuten.

Europa ist ein Kontinent mit fast 50 Staaten.
Europa hat eine gemeinsame Geschichte von tausenden Jahren. Viele Länder haben ähnliche Werte und eine ähnliche Kultur. Europa steht für Krieg und Frieden, für Religion und Wissenschaft. Doch wenn wir in diesem Buch über Europa reden, meinen wir etwas anderes.

Europa steht für die Europäische Union, kurz die EU.
Die Europäische Union ist eine Gemeinschaft von heute 28 Staaten, die seit den 1950er Jahren entstanden ist. Die EU ist immer weiter gewachsen und arbeitet immer enger zusammen.

Im Moment sind die folgenden Länder Mitglied der Europäischen Union:

Belgien (B), Bulgarien (BG), Dänemark (DK), Deutschland (D), Estland (EST), Finnland (FIN), Frankreich (F), Griechenland (GR), Großbritannien (GB), Irland (IRL), Italien (I), Kroatien (HR), Lettland (LV), Litauen (LT), Luxemburg (L), Malta (M), die Niederlande (NL), Österreich (A), Polen (PL), Portugal (P), Rumänien (RO), Schweden (S), die Slowakei (SK), Slowenien (SLO), Spanien (E), Tschechien (CZ), Ungarn (H) und Zypern (CY).

In diesem Buch untersuchen wir, wie diese Länder in der EU zusammenarbeiten. Wir blicken auf gestern, heute und morgen.

Zuerst die Geschichte: Wie ist die EU entstanden? Welche Schritte haben zu über 70 Jahren in Frieden und Wohlstand geführt?

Dann die Gegenwart: Wie funktioniert die EU? Welche aktuellen europäischen Themen sind wichtig für die Soziale Demokratie?

Und damit kommen wir zur wichtigsten Frage: Wie könnte die Zukunft Europas aussehen? Wir stellen konkrete Reformvorschläge für Europa vor.

In diesem Band stehen viele Informationen: Erklärungen und Vergleiche, Kritikpunkte und Chancen. Bilden Sie sich Ihre eigene Meinung zu Europa! Wer weiß, wie alles funktioniert, kann seinen eigenen Standpunkt leichter finden, erklären und vertreten.

Mehr wissen? Hier geht's zum Film
Europa und Soziale Demokratie
http://www.fes-soziale-demokratie.de/filme.html

Mit dem Handy direkt zum Film?
Scannen Sie diesen QR-Code mit einer Scan-App, zum Beispiel dem *QR-Barcode-Scanner* oder *Scanlife*.

1.1
DIE KURZ UND KLAR-REIHE

Europa ist das vierte Buch in unserer *Kurz und Klar*-Reihe. Im ersten Band, *Einstieg in die Soziale Demokratie*, behandeln wir unsere gemeinsamen Grundwerte. Wollen Sie mehr wissen zu Freiheit, Gerechtigkeit und Demokratie? Dann ist *Kurz und Klar 1* für Sie das richtige Buch.

Im zweiten *Kurz und Klar*-Buch geht es um *Soziale Wirtschaft*. Was ist das Besondere an der Wirtschaftspolitik der Sozialen Demokratie? Die Antwort liegt im Gleichgewicht: Die Wirtschaft soll wachsen, aber der Schutz der Umwelt und der soziale Ausgleich sind auch wichtig. Wie soziale Wirtschaft funktioniert, lesen Sie in Band 2.

Band 3 heißt *Der Sozialstaat*. Wie funktioniert unser Sozialstaat? Welche großen Entwicklungen werden den Sozialstaat verändern? Und wie möchte die Soziale Demokratie den Sozialstaat weiter entwickeln, mit fairen Chancen für alle? Das finden Sie in *Kurz und Klar 3*.

In den nächsten Teilen der Reihe wird es um die folgenden Themen gehen: Integration und Zuwanderung, Staat und Bürgergesellschaft, Globalisierung, Frieden und Sicherheit sowie die Geschichte der Sozialen Demokratie.

1.2

SO IST DIESES BUCH AUFGEBAUT

In **Kapitel 1** haben wir über **eine Definition von Europa** gesprochen. Wir haben die Begriffe Europa und Europäische Union voneinander unterschieden. Jetzt sehen wir uns an, wie dieses Buch aufgebaut ist.

In **Kapitel 2** geht es darum, wie die Soziale Demokratie **über Europa denkt**. Was sind die wichtigsten Elemente für ein soziales Europa? Die Antwort hat mit den Grundwerten der Sozialen Demokratie zu tun: Freiheit, Gerechtigkeit und Solidarität. Wir lernen auch fünf Prinzipien kennen, die die Europapolitik der Sozialen Demokratie bestimmen.

In **Kapitel 3** schauen wir auf die **Geschichte der EU**. Von den Anfängen bis heute – hier finden Sie die die wichtigsten Daten, Beitritte, Verträge und Entwicklungen auf einer übersichtlichen Zeitlinie.

Kapitel 4 dreht sich um das Prinzip Demokratie. Wir untersuchen, **wie die EU funktioniert**. Welche Organe gibt es? Wofür sind sie verantwortlich und wie arbeiten sie zusammen? Hier lesen Sie über die fünf wichtigsten Organe und sehen, wie ein neues EU-Gesetz entsteht.

In **Kapitel 5** stellen wir **Reformideen für Europa** vor. Wir besprechen häufige Kritikpunkte an der EU und die Ziele der Sozialen Demokratie für Europa. Dann reden wir über konkrete Vorschläge, was in Europa in Zukunft anders gemacht werden könnte.

Kapitel 6 dreht sich um die **Europapolitik von verschiedenen politischen Parteien**. Hier vergleichen wir die Ziele der Sozialen Demokratie mit den Programmen von sechs Parteien. Was wollen die Politiker von SPD, CDU, FDP, den Grünen, der Linken und der AfD?

Im letzten Teil, **Kapitel 7**, möchten wir **Weiterdenken über Europa**. Was bedeutet der Brexit, also die Entscheidung, dass Großbritannien in der EU nicht mehr mitmachen will? Welche Irrtümer über Europa führen immer wieder zu Missverständnissen? Und wie könnte unsere europäische Zukunft aussehen?

2
DENKEN ÜBER EUROPA

In **Kapitel 2** geht es darum, wie die Soziale Demokratie **über Europa denkt**. Was sind die wichtigsten Elemente für ein soziales Europa? Die Antwort hat mit den Grundwerten der Sozialen Demokratie zu tun: Freiheit, Gerechtigkeit und Solidarität. Auch lernen wir fünf Prinzipien kennen, die die Europapolitik der Sozialen Demokratie bestimmen.

Die Anhänger der Sozialen Demokratie wollen bestimmte politische Ziele erreichen, die das Leben für alle besser machen. Dabei gibt es zwei Ebenen.

Ebene 1: Grundwerte
Grundwerte sind die wichtigsten Leitideen, die für alle Menschen in einer Gesellschaft gelten sollen. Sie sind im Laufe der Geschichte entstanden, weil Menschen damit gute Erfahrungen gemacht haben. Sie bilden die Grundlage für die Soziale Demokratie.

Ebene 2: Grundrechte
Grundrechte sind garantierte Rechte, die jeder Mensch hat. Geschlecht, Alter oder Herkunft dürfen keine Rolle spielen.

2.1

GRUNDWERTE UND GRUNDRECHTE

Ebene 1: Grundwerte

Freiheit, Gerechtigkeit und Solidarität, das sind die **Grundwerte** der Sozialen Demokratie. In unserem ersten Band, *Kurz und Klar – Einstieg in die Soziale Demokratie*, kann man viel über die Grundwerte lesen. Darum folgt hier nur eine kurze Beschreibung.

Freiheit

Freiheit bedeutet, dass Menschen frei von Not, Furcht und Unterdrückung leben können. Der Staat und die Gesellschaft garantieren diese Freiheit. Echte Freiheit bedeutet auch, dass Menschen genug Mittel und Chancen haben, um ihr freies Leben zu nutzen. Zum Beispiel: Man braucht ein Dach über dem Kopf, genügend Einkommen und eine gute Ausbildung. Nur dann kann man sein Leben frei und nach eigenen Wünschen führen.

Gerechtigkeit

Nicht alle Menschen sind gleich. Aber vor dem Gesetz werden alle gleich behandelt. Und in einem sozialen, demokratischen Staat bekommen alle Menschen auch die gleichen Chancen. Egal, welche Eltern sie haben, wie alt sie sind, ob sie Mann oder Frau sind. Sie haben das gleiche Recht auf Hilfe vom Staat und auf Teilhabe an der Gesellschaft. Teilhabe bedeutet: überall mitmachen können und dürfen.

Solidarität

Solidarität bedeutet, dass Menschen zueinander stehen. Sie sind bereit, einander zu helfen um gemeinsam die Gesellschaft zu verbessern. Solidarität bedeutet auch: Die Starken helfen den Schwächeren. Der Sozialdemokrat **Johannes Rau** sagte es so: „Solidarität ist der Mörtel, der die Gesellschaft zusammenhält."

Ebene 2: Grundrechte

Die Soziale Demokratie möchte diese Grundwerte in Menschenrechte für alle umsetzen. Diese Rechte nennen wir **Grundrechte**.

Ein Grundrecht ist zum Beispiel das Recht, dass man Vertreter in Parlamenten wählen darf.
Und dass man selbst bestimmen darf, wen man in seine Wohnung reinlässt. Aber ein Grundrecht ist auch, dass man zur Schule gehen kann. Und dass man vom Staat unterstützt wird, wenn man in Not ist.

Viele Staaten haben die Grundrechte ihrer Einwohner in einer Verfassung festgelegt. In Deutschland stehen die Grundrechte im Grundgesetz.
Auch weltweit sind sich viele Staaten über Grundrechte einig.
In New York treffen sich fast alle Länder der Welt. Im Haus der **Vereinten Nationen** sprechen sie über Probleme, die alle angehen.

Vereinte Nationen

Zu den Vereinten Nationen gehören fast alle Länder der Welt. Sie setzen sich gemeinsam für Frieden und Menschenrechte ein.

Die Mitgliedstaaten der Vereinten Nationen haben gemeinsame Erklärungen unterschrieben. Darin stehen die gemeinsamen Ziele, an denen sie arbeiten wollen. In diesen **UN-Pakten** stehen auch die Grundrechte, die wichtig sind für die Sozialen Demokratie.

UN-Pakte
1966 haben die Vereinten Nationen zwei Pakte mit Grundrechten vereinbart. Der eine heißt Zivilpakt. Darin stehen die weltweiten Rechte und Freiheiten von allen Menschen. Der andere heißt Sozialpakt. Darin steht, was Staaten tun sollen um ihre Bürger zu fördern, damit Menschen gleiche Chancen haben.

Fast 170 Staaten haben die UN-Pakte unterschrieben. Aber nicht alle Mitgliedstaaten halten sich daran. Wenn sie überall eingehalten würden, wäre das Leben für sehr viele Menschen sehr viel besser.

Die 28 Mitgliedstaaten der Europäischen Union haben darum die Menschenrechte für ihre Einwohner noch einmal festgelegt. Die Grundrechte der Menschen in der EU stehen in mehreren Verträgen. Der wichtigste heißt: „Charta der Grundrechte der Europäischen Union".

Dieser Vertrag ist für alle Einwohner der EU rechtsgültig.
Alle Mitgliedstaaten müssen sich daran halten. Sie müssen
dafür sorgen, dass die Menschen ihre Grundrechte leben können.
Das nennt man Handlungsverpflichtung. Jeder Staat hat diese
Handlungsverpflichtung, im eigenen Land und in Europa.

Handlungsverpflichtung
Im Denken der Sozialen Demokratie hat der Staat die Aufgabe,
die Grundrechte von Menschen zu schützen und zu verwirklichen.
Der Staat ist dafür da, das Leben der Menschen zu verbessern.

Mehr wissen?
In unserem ersten Band,
*Kurz und Klar – Einstieg
in die Soziale Demokratie*,
steht viel zu Grundwerten
und Grundrechten der
Sozialen Demokratie.

2.2

WARUM IST EUROPA WICHTIG FÜR DIE SOZIALE DEMOKRATIE?

Die Grundwerte schützen und verwirklichen, das klingt gut. Aber kann jeder Staat das nicht für sich alleine klären? Ist es nicht einfacher, wenn wir uns nur auf Deutschland konzentrieren? Warum ist Zusammenarbeit in der EU für die Soziale Demokratie so wichtig? Dafür gibt es drei Gründe.

1. In manchen Bereichen ist Europa stärker als ein Land alleine.
Durch die **Globalisierung** wächst unsere Welt immer mehr zusammen.

Globalisierung
> Die ganze Welt ist miteinander verbunden. Früher hatten die meisten Länder nur Kontakte zu ihren Nachbarländern. Heute gibt es weltweite Verbindungen in Handel, Kultur, Umwelt und natürlich Kommunikation. Das hat große Folgen – national und international.

Durch die Globalisierung sind Nationalstaaten weniger wichtig als früher. Zum Beispiel im Handel: Wenn jedes einzelne Land in Europa seine eigenen Handelsverträge abschließt, kostet das viel Zeit und Mühe. Kleine Länder schaffen es manchmal gar nicht, gute Verträge mit großen Ländern zu schließen. Ein Vertrag zwischen der gesamten EU und zum Beispiel China geht leichter und schneller.

Die EU ist international ein starker Verhandlungspartner. Das ist gut für alle Einwohner der EU.

2. Die Soziale Demokratie möchte das Leben aller Menschen verbessern.

Freiheit, Gerechtigkeit und Solidarität sind Werte, die nicht nur für Deutsche gelten sollen. Die Soziale Demokratie setzt sich dafür ein, dass Grundwerte und Grundrechte für alle Menschen auf der Welt gelten. Das nennen wir **Internationalismus**.

Internationalismus
Die Soziale Demokratie setzt sich über alle Grenzen hinweg für Grundrechte ein.

Die EU ist zwar viel kleiner als die Vereinten Nationen. Aber sie ist ein Zusammenschluss von immerhin 28 Ländern. Ein guter Anfang. Es gibt schon viele Regeln und Gesetze, die das Leben aller Einwohner verbessern.

3. Zusammenhalt über Grenzen macht die Beschäftigten stärker.

„Arbeiter aller Länder, vereinigt euch!" Das war der Aufruf von Karl Marx und Friedrich Engels bei der Gründung der Arbeiterbewegung.

Wenn Menschen zusammen für ein besseres Leben kämpfen, können sie nicht so einfach gegeneinander ausgespielt werden. Dann kann ein Unternehmen zum Beispiel nicht versuchen, die Arbeiter in zwei Ländern gegeneinander auszuspielen. Darum arbeiten linke Parteien und Gewerkschaften immer daran, sich über nationale Grenzen hinweg zusammenzuschließen.

Wie gut das funktioniert, sahen wir 2006. In der ganzen EU gingen Hafenarbeiter in Streik. Die Arbeiter hielten zusammen. So konnten sie verhindern, dass überall in Europa ihre Arbeitsbedingungen schlechter wurden.

2.3
FÜNF PRINZIPIEN FÜR EUROPA

Wie kann die Soziale Demokratie ihre Grundwerte in praktische politische Ziele umsetzen? Dafür richtet sie ihre Europapolitik an fünf Prinzipien aus: **Frieden, Demokratie, Wohlstand, Sozialer Ausgleich und Nachhaltigkeit.**

Frieden

Über viele Jahrhunderte gab es immer wieder Kriege in Europa. Nach dem Zweiten Weltkrieg sah es in vielen Ländern so aus: Millionen von Toten, überall Armut und Trümmer.

Jeder in Europa konnte sehen, wie schrecklich die Folgen des Krieges waren. Das galt für die Einwohner und für die Politik. Es dauerte lange, Europa wieder aufzubauen. Aber der Wunsch nach bleibendem Frieden war der Ausgangspunkt für die Gründung der Europäischen Union.

Nie wieder Krieg in Europa!

Was will die Soziale Demokratie?
- Alle Mitgliedstaaten der EU leben in Frieden.
  Das steht in ihren Verfassungen.
- Zwischen allen Mitgliedstaaten der EU herrscht Frieden.
  Die Länder gehen gewaltlos mit einander um.
- Auch im Umgang mit anderen Ländern strebt die EU nach Frieden.

Demokratie
Demokratie ist die Basis für unser Zusammenleben.
Demokratie bedeutet, dass alle Bürger das gleiche
Recht auf Freiheit und Mitbestimmung haben.
Alle Menschen haben die gleiche Würde und
verdienen den gleichen Respekt.

Und wenn alle mitentscheiden und mitmachen können, kommen
wir zu fairer Politik und einer besseren Gesellschaft. Das gilt natürlich
auch für Europa.

Was will die Soziale Demokratie?
- Europa darf kein „Projekt für die Elite" sein. Eine deutliche
  Mehrheit der Europäer soll mit der EU zufrieden sein und
  die europäischen Ziele unterstützen.
- Die EU soll demokratisch funktionieren. Alle Einwohner der EU
  sollen durch Wahlen über Europapolitik bestimmen können.
- Die EU gibt immer Einsicht in ihre Entscheidungen. Das bedeutet:
  Politische Entscheidungen werden nach klaren Regeln getroffen
  und deutlich erklärt.

Elite
eine kleine Gruppe von Auserlesenen: die Reichsten, am besten
Ausgebildeten, die Menschen mit der höchsten Position.

Wohlstand

Alle Menschen sollen frei von Furcht und Not leben können. Dafür braucht jeder eine Lebensbasis, also mindestens Essen und ein Dach über dem Kopf. Und alle Menschen sollen sich entwickeln können. Darum gehören Schule und Ausbildung, faire Chancen und Kultur genauso zur Grundausstattung des Lebens.

Darum will die Soziale Demokratie, dass jeder Mensch in ausreichendem Wohlstand lebt.

Wohlstand
Genug Geld für die Lebensbasis, damit man in Sicherheit leben kann.

Für den Wohlstand in einer Gesellschaft ist es wichtig, dass die Wirtschaft wächst. Das muss kein besonders starkes Wachstum sein, aber jedes Jahr ein bisschen ist gut.

Durch die Zusammenarbeit in Europa haben alle Mitgliedstaaten Wirtschaftsvorteile. Der gemeinsame Handel sorgt für Wachstum.

Doch Wachstum allein ist für die Soziale Demokratie kein Ziel. Wirtschaftswachstum funktioniert auf Dauer nur, wenn wir auf unsere Mitmenschen und unsere Umwelt achten. Darum sind sozialer Ausgleich und Nachhaltigkeit für die Soziale Demokratie gleich wichtig. Die drei Ziele ergänzen einander und machen sich gegenseitig stärker. Zu dritt sind sie die Basis für eine soziale Wirtschaft: Sie ermöglichen **qualitatives Wachstum**.

Qualitatives Wachstum
Wirtschaftswachstum, das die Gesellschaft sozialer und nachhaltiger macht. Wachstum, von dem nicht nur wenige, sondern alle profitieren.

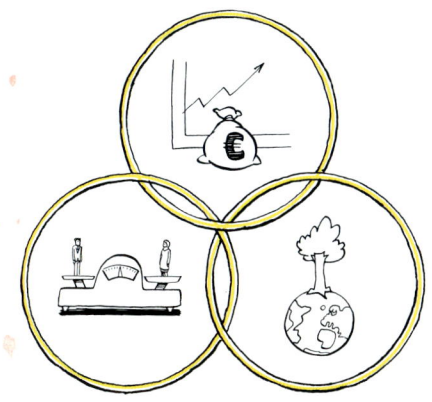

Was will die Soziale Demokratie?

- Das Zusammenwachsen von Europa soll die Wirtschaft in allen Mitgliedstaaten stärken.
- Europa soll nicht nach Wachstum um jeden Preis, sondern nach qualitativem Wachstum streben.
- Wachstum und Wohlstand werden für alle eingesetzt. Zum Beispiel für gute Bildung und einen Sozialstaat, der seine Bürger unterstützt.

Sozialer Ausgleich
Eine Gesellschaft mit zu viel Ungleichheit kann auf Dauer nicht funktionieren. Darum muss der Staat den Wohlstand fair verteilen. Das ist nicht nur sozial, sondern auch gut für die Wirtschaft. Denn nur wenn Menschen Geld ausgeben können, können sie Produkte kaufen.

Außerdem ist sozialer Ausgleich gut für die Demokratie. Wer wenig hat, macht oft viel weniger in der Gesellschaft mit.

Durch sozialen Ausgleich haben Menschen bessere Chancen und mehr Lust, in der Gesellschaft mitzumachen. Untersuchungen zeigen deutlich: In Ländern mit mehr sozialem Ausgleich sind mehr Menschen politisch aktiv.

Was will die Soziale Demokratie?
- Sozialer Ausgleich soll nicht nur Sache der einzelnen Mitgliedstaaten sein. Die EU soll den Ausgleich über Grenzen hinweg unterstützen.
- Europa soll eine **Sozialunion** bekommen. Sozialpolitik soll genau so wichtig sein wie Wirtschaftspolitik (Freihandel) und Währungspolitik (der Euro).

Sozialunion

In der Sozialunion legen die Mitgliedstaaten fest, was jedes Land im sozialen Bereich schaffen soll. Manche Dinge regelt jeder Staat selber, andere Dinge regelt die EU. Zum Beispiel einen gemeinsamen Mindeststandard für die Lebensbasis. Die Mitgliedstaaten dürfen aber weiter selbst entscheiden, wie sie ihren Sozialstaat einrichten.

Nachhaltigkeit

Für das Leben der Menschen ist die Umwelt ein entscheidender Faktor. Darum müssen wir nicht nur heute auf die Natur achten, sondern an die Zukunft der nächsten Generationen denken. Nachhaltigkeit bedeutet: Wir dürfen nicht mehr verbrauchen, als das, was von selbst wieder nachwachsen kann.

Die EU spielt schon heute eine wichtige Rolle im internationalen Umweltschutz. Aber wir brauchen noch viel mehr Vorsorge. Wirtschaftswachstum soll so funktionieren, dass dabei wenige Rohstoffe gebraucht werden. Unternehmen dürfen keine Abfallstoffe mehr in die Natur fließen lassen. Wir müssen immer mehr Energie aus natürlichen Quellen wie Wind und Sonne gewinnen. So können wir das Klima und bedrohte Tierarten schützen.

Was will die Soziale Demokratie?

- Die EU soll Nachhaltigkeit als Aufgabe sehen: für unsere Umwelt, unsere Wirtschaft und unser Zusammenleben.
- Die EU soll unsere Natur und Umwelt in allen Mitgliedstaaten schützen.
- Auch in der europäischen Außenpolitik sollen alle Entscheidungen nachhaltig sein.

2.4 WIE SCHAFFEN WIR EIN SOZIALES EUROPA?

Im letzten Absatz haben wir fünf Prinzipien der Sozialen Demokratie für Europa kennengelernt. Die wichtigsten Bedingungen für eine erfolgreiche EU sind **Frieden** und **Demokratie**. Außerdem müssen **Wachstum**, **sozialer Ausgleich** und **Nachhaltigkeit** bei allen politischen Entscheidungen im Gleichgewicht sein.

Doch die Soziale Demokratie ist nicht die einzige politische Richtung. Wie sehen andere diese Themen?

Über Frieden und Demokratie sind sich eigentlich alle einig. Doch was die anderen drei Prinzipien angeht, bestehen verschiedene Sichtweisen. Politische Parteien haben sehr unterschiedliche Ideale und Ziele.

Zum Beispiel:
Was dürfen Bürger vom Staat erwarten?

Der wichtigste Unterschied liegt in der Frage:
Soll der Staat in das Leben der Bürger eingreifen oder nicht?
Liberale Denker antworten hierauf ganz anders als Anhänger der Sozialen Demokratie.

Anhänger der liberalen Denkweise sagen:
„*Persönliche, individuelle Freiheit von Menschen ist das Wichtigste. Die Gesellschaft soll möglichst wenig Regeln festlegen. Denn Regeln und Gesetze schränken immer die persönliche Freiheit von Menschen ein. Deswegen soll der Staat Menschen nur helfen, wenn sie in akuter Not sind.*"

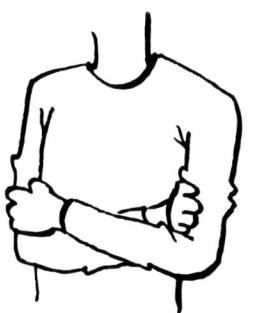

Anhänger der Sozialen Demokratie sagen:
„*Alle Menschen sollen ein besseres Leben haben. Jeder soll in der Gesellschaft mitmachen können. Dafür muss der Staat sich einsetzen, und zwar immer. Nicht nur, wenn jemand in Not ist.*"

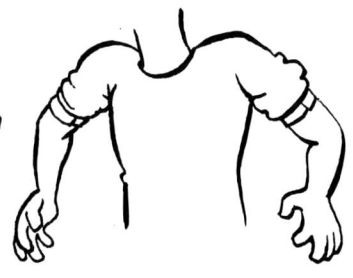

Oder zum Beispiel:
Wie soll die Wirtschaft funktionieren?

Anhänger der liberalen Denkweise meinen:
„Der Wirtschaftsmarkt funktioniert prima ohne den Staat. Preise, Arbeitsplätze, Gewinne regeln sich von selbst. Unternehmen produzieren ihre Waren, Bürger können sie kaufen oder nicht, dadurch haben sie Einfluss. Der Staat soll möglichst wenig Regeln aufstellen und nicht in den Markt eingreifen."

Anhänger der Sozialen Demokratie sagen:
„Der Staat kann und soll in der Wirtschaft eine Rolle spielen. Nicht nur, damit es Produkte für alle gibt. Aber auch, wenn es der ganzen Wirtschaft schlechter geht. Dann können große Staatsprogramme die Wirtschaft wieder ankurbeln. Außerdem soll der Staat darauf achten, dass Wachstum immer mit sozialem Ausgleich und Nachhaltigkeit verbunden ist."

Und wie denken die beiden Richtungen über Europapolitik?

Anhänger der liberalen Denkweise meinen:
„Es ist genug, wenn die EU sich auf Frieden und Demokratie konzentriert. Und auf freien Handel, klare Grenzen und Rechtssicherheit. Außerdem soll die EU so demokratisch wie möglich sein, mit fairen Wahlen und demokratischen Institutionen."

Anhänger der Sozialen Demokratie sagen:
„Was Freiheit und Demokratie angeht, möchten wir das Gleiche. Die EU soll für ihre Bürger aber noch mehr erreichen. Jeder hat das Recht auf gute Bildung, auf Hilfe bei Krankheit oder Arbeitslosigkeit, auf eine anständige Rente im Alter. Wenn wir diese Dinge überall in der EU garantieren, haben wir alle Vorteile."

Mehr lesen?
In Band 1, *Einstieg in die Soziale Demokratie*, finden Sie Hintergründe zu den verschiedenen Denkrichtungen in der Politik.

In Band 2, *Soziale Wirtschaft*, stehen weitere Beispiele zum Thema Wirtschaft und Wachstum.

In Band 3, *Der Sozialstaat*, erklären wir, wie verschiedene Denkrichtungen zu sozialem Ausgleich stehen.

3
DIE GESCHICHTE DER EU

In **Kapitel 3** schauen wir auf die **Geschichte der EU**. Von den Anfängen bis heute – hier finden Sie die die wichtigsten Daten, Beitritte, Verträge und Entwicklungen, auf einer übersichtlichen Zeitlinie.

„Wir wollen keine Staaten miteinander verbünden, sondern Menschen vereinen."

So sagte es Jean Monnet, einer der Gründer der europäischen Einigung. Für die Gründer waren der Weg und das Ziel klar: Wenn die Menschen zusammenfinden, wird es in Europa keinen Krieg mehr geben.

3.1

WIE EUROPA ZUSAMMENWUCHS

1951 schlossen sechs Länder den ersten Europa-Vertrag. Frankreich, Deutschland, Italien, die Niederlande, Belgien und Luxemburg einigten sich auf eine Zusammenarbeit im Energiebereich.

Das Ziel dieser Zusammenarbeit war klar: Durch die gemeinsamen Absprachen im Bereich Kohle und Stahl wäre es für die einzelnen Länder viel schwerer, heimlich einen neuen Krieg vorzubereiten. Niemand wusste in dem Moment, dass das der Startschuss für die EU von heute war.

Die Partnerschaft für Rohstoffe funktionierte gut. So gut, dass die Länder auch auf anderen Gebieten zusammenarbeiten wollten. Das führte zu mehr Handel, mehr Freiheit und mehr Wirtschaftswachstum. Und zu mehr Vertrauen und Verständnis zwischen den europäischen Nachbarn.

Innerhalb weniger Jahrzehnte schlossen sich mehr und mehr Länder dem europäischen Projekt an. Neue Verträge, neue Partnerschaften und neue Namen folgten. Seit den neunziger Jahren des vergangenen Jahrhunderts sind alle Verträge unter einem Namen vereint: die Europäische Union.

Nach vielen Jahrhunderten von Krieg und Konkurrenz leben die Mitgliedstaaten der EU seit Jahrzehnten in Frieden und Wohlstand. Wie kam es zu dieser schnellen Integration?

Drei Faktoren spielen in der Europa-Dynamik eine Rolle. Zwei davon treiben die Integration voran, einer wirkt dagegen.

1. Seit den ersten Verträgen geht das Zusammenwachsen immer schneller voran.

Jedes Mal, wenn Europa neue Regeln einführt, führt das zu mehr Regeln in anderen Bereichen der Politik. Das passiert, weil viele Bereiche der Politik eng mit einander verbunden sind. Wenn eine Regel auf der Ebene "Europa" gut funktioniert, macht es Sinn, eine vergleichbare Regel für andere Bereiche einzuführen.

Dieser Prozess wird **Überschwapp-Effekt** genannt, auf englisch *Spill-Over-Effect*. Jedes Mal, wenn Europa etwas Neues regelt, wirkt sich dieser Schritt auch auf andere Bereiche der Politik aus.

Zum Beispiel: Geldpolitik
Einer der ersten Schritte in der gemeinsamen Wirtschaftspolitik war der freie Kapitalverkehr. Betriebe und Personen konnten ohne Probleme Geld von einem Mitgliedstaat zum nächsten überweisen – so wurde es einfacher, in verschiedenen Ländern Geld zu verdienen.

Dieser Erfolg führte zu einer gemeinsamen Währungspolitik. Jetzt machte die EU gemeinsame Politik, die Währungen wurden aneinander gekoppelt. Und damit wuchsen die verschiedenen Wirtschaften noch enger zusammen. Auch das lief prima.

Darauf kam der nächste Schritt: die Einführung einer gemeinsamen Währung. Inzwischen haben neunzehn Länder den Euro.

2. Neue Politikbereiche führen zu neuen EU-Organisationen

Jedes Mal, wenn Europa neue Themen übernimmt, führt das zu neuen Organisationen. Die Europäische Zentralbank, der Europäische Gerichtshof, der Europäische Auswärtige Dienst – sie alle sind entstanden, weil die EU neue gemeinsame Wege ging.

Die europäischen Institutionen sind natürlich nicht *national*. Das bedeutet: sie gehören nicht zu einem einzelnen Land. Sie sind auch nicht *intergouvernemental*. Das bedeutet: es sind keine Behörden, in denen nationale Regierungen miteinander verhandeln und zusammenarbeiten.

Alle neuen EU-Behörden sind supranational. Diese Organisationen stehen über den nationalen Behörden. Die Mitgliedstaaten geben also einen Teil ihrer Macht und Eigenverantwortung ab an die neuen EU-Institutionen. Diese treffen Entscheidungen, die auf nationaler Ebene gelten.

3. Nationalstaaten versuchen immer wieder, Einfluss zurückzugewinnen

Natürlich geben die Mitgliedstaaten ihre Macht nicht ohne weiteres ab. Und oft versuchen sie, bestimmte Entscheidungen nach wie vor selbst zu treffen.

Großbritannien ist das beste Beispiel dafür. Das Land versuchte seit seinem Beitritt, die EU hauptsächlich für Vorteile in der Wirtschaft zu nutzen. Politische Zusammenarbeit war für die Briten weniger interessant. Die Briten haben 2016 in einer Volksabstimmung mit knapper Mehrheit sogar entschieden, aus der EU auszutreten. Damit ist das Vereinigte Königreich das erste Land, das die EU verlassen wird.

Auf den nächsten Seiten finden Sie eine Zeitlinie mit den wichtigsten Ereignissen aus 70 Jahren europäischer Zusammenarbeit.
Daten, Verträge, Beitritte und vieles mehr.

3.2
ZEITLINIE

Ende des Zweiten Weltkriegs
Europa liegt in Schutt und Asche, viele haben den Wunsch: nie wieder Krieg.

Vertrag von Paris
Zusammenarbeit in den Bereichen Kohle und Stahl

1951 gründen sechs Länder die Europäische Gemeinschaft für Kohle und Stahl (EGKS). Frankreich, die Bundesrepublik Deutschland, Italien, die Niederlande, Belgien und Luxemburg sind die ersten Staaten, die zusammenfinden. Der Gedanke dahinter: Wenn wir Rohstoffe wie Kohle und Stahl teilen, kommt es weniger schnell zu einem neuen Krieg.

Gründung des Europäischen Gerichtshofs

Römische Verträge
Gründung der Wirtschaftsgemeinschaft

Die sechs Mitgliedstaaten einigen sich auf Zusammenarbeit in der Wirtschaft und gründen den ‚gemeinsamen Markt'. Das bedeutet: Waren, Personen, Kapital und Dienstleistungen können in den sechs Ländern frei verkehren.

Dieser Schritt hat große Folgen: die Europäische Wirtschaftsgemeinschaft (EWG) einigt sich auf eine Zollunion. Sie vereinfacht den Handel zwischen den Staaten. Nicht viel später entwickelt die EWG eine gemeinsame Handelspolitik. Außerdem entsteht die erste Version des Europäischen Parlaments. Das Parlament heißt jetzt noch "Versammlung" und die Vertreter dürfen nur beraten, noch nicht entscheiden.

Gründer

Frankreich, BRD, Italien, Niederlande, Belgien, Luxemburg

Atomgemeinschaft

Die Europäische Wirtschaftsgemeinschaft entwickelt gemeinsame Politik für Kernenergie

Gründung der Europäischen Kommission

Beitritte
Dänemark, Irland, Großbritannien

Wirtschaftskrise
In den siebziger Jahren wird das Öl knapp. Das führt in Europa zu einer Wirtschaftskrise. Die Mitgliedstaaten versuchen, diese jeweils im eigenen Land zu lösen.

Neues Wahlrecht für das Europäische Parlament
Die Abgeordneten werden direkt gewählt

Beitritt
Griechenland

Demokratie:
Einheitliche Europäische Akte
1986 vereinbaren die jetzt 12 Mitgliedstaaten die Einheitliche Europäische Akte (EEA).
Diese Akte legt eine Basis für späteres Zusammenwachsen von Politik, Wirtschaft und Währung.

Die wichtigsten Punkte: Erste Schritte zu einem gemeinsamen Binnenmarkt, das Parlament bekommt mehr Macht, im Ministerrat gelten jetzt Mehrheitsentscheidungen, europäische Zusammenarbeit auf neuen Gebieten.

Europäische Fahne

Beitritte
Portugal und Spanien

Wiedervereinigung Deutschland

Vertrag von Maastricht

Der Vertrag von Maastricht tritt in Kraft. In diesem Vertrag gründen die Länder die Europäische Union (EU), wie wir sie heute kennen. Die EU wird der übergeordnete Bund für alle europäischen Gemeinschaften und Verträge.

Das Parlament wird wieder gestärkt. Die Mitgliedstaaten einigen sich auf Zusammenarbeit in noch mehr Bereichen, zum Beispiel eine gemeinsame Außenpolitik. Die jetzt 15 Mitgliedstaaten werden sich nicht mehr so leicht über alles einig, darum werden neue Regeln für Kompromisse eingeführt.

Beitritte

Österreich, Schweden und Finnland

Vertrag von Amsterdam

Der Vertrag von Amsterdam tritt in Kraft. Er regelt die neue Zusammenarbeit in der Innenpolitik und Justizpolitik. Das Parlament bekommt wieder mehr Rechte. Die Mitgliedstaaten können sich noch nicht auf eine allgemeine EU-Reform einigen. Die EU muss sich aber neu aufstellen, vor allem organisatorisch. Denn in wenigen Jahren werden zehn neue Länder beitreten.

Gipfel von Laeken

Die EU soll nun eine eigene Verfassung bekommen. Daran schreiben alle Mitgliedstaaten mit, auch die zehn neuen Anwärter, die 2004 beitreten.

Währungsunion

Einführung des Euros in zwölf Ländern

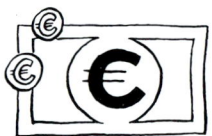

Für die EU-Bürger in zwölf Ländern beginnt im Januar 2002 eine neue Zeit: den Euro gibt es ab jetzt als richtiges Geld. Die Einführung der neuen Euroscheine zeigt der Welt, wie sehr Europa zusammengewachsen ist. Aber nicht alle Mitgliedstaaten dürfen mitmachen.

Beitritte

Estland, Lettland, Litauen, Polen, Tschechien, Slowakei, Ungarn, Slowenien, Malta und Zypern

Nein zur Verfassung
Frankreich und die Niederlande stimmen der Europäischen Verfassung nicht zu

Eine eigene Verfassung wäre für die EU eine große Veränderung. Darüber müssen manche Mitgliedstaaten in Volksabstimmungen entscheiden. In Frankreich und den Niederlanden stimmen die Bürger der Verfassung nicht zu. Obwohl schon 18 von 25 Staaten zugestimmt haben, bekommt die EU darum keine eigene Verfassung.

Beitritte
Bulgarien und Rumänien

Vertrag von Lissabon
Nach einem neuen Anlauf einigen sich die jetzt 27 Mitglieder auf eine ‚kleine EU-Reform'. Die wichtigsten Veränderungen: Parlament und EU-Bürger erhalten mehr Mitsprache, die Entscheidungen im Ministerrat sind ab jetzt öffentlich, der Ministerrat bekommt einen Präsidenten, die EU ernennt einen EU-Außenbeauftragten. Die EU bekommt aber keine Verfassung und keine Hymne.

Beitritt

Kroatien

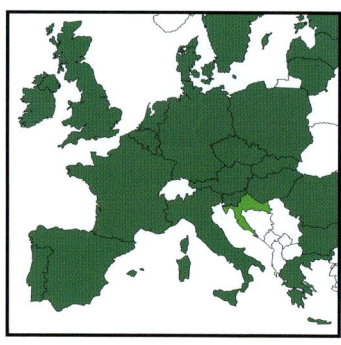

Großbritannien stimmt für den Austritt aus der EU

Großbritannien organisiert eine Volksabstimmung: Wollen die Bürger in der EU bleiben, oder die Union verlassen? Die Briten stimmen mit knapper Mehrheit für das Verlassen der EU.

Beginn der „Brexit-Verhandlungen"

Großbritannien beantragt formell den Austritt aus der EU.

Mehr lesen?

Viel mehr über die Geschichte der EU finden Sie im *Lesebuch der Sozialen Demokratie: Europa* und *Soziale Demokratie* und in *Kleine Geschichte der Europäischen Union* von Gerhard Brunn

4

WIE FUNKTIONIERT DIE EU?

In **Kapitel 4** untersuchen wir, **wie die EU funktioniert**. Welche Organe gibt es? Wofür sind sie verantwortlich und wie arbeiten sie zusammen? Hier lesen Sie über die fünf wichtigsten Organe. Außerdem sehen wir, wie ein neues Europa-Gesetz entsteht.

Gewaltenteilung: Die Aufgaben verteilen
In Deutschland – und vielen anderen Ländern – gibt es eine Demokratie. In freien Wahlen bestimmen die Bürger selbst, welche Vertreter in ihrem Namen wichtige Entscheidungen treffen sollen. In einer Demokratie sind die Aufgaben des Staats aufgeteilt, damit niemand zu viel Macht hat. Das bedeutet: Im demokratischen System ist festgelegt, dass niemand mehrere Aufgaben gleichzeitig übernimmt. Wie funktioniert das?

Wir haben Politiker, die Probleme und Lösungen besprechen. Sie können neue **Gesetze vorschlagen, ausarbeiten und beschließen**. Das tun sie im Parlament. Zum Beispiel im Bundestag, aber auch in den verschiedenen Landtagen.

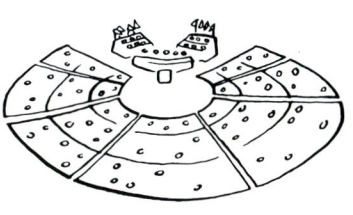

Wir haben Beamte, die **Gesetze ausführen**. Zum Beispiel Polizisten, die bei Verbrechen verhaften und ermitteln. Aber auch Mitarbeiter des Finanzamts, die Steuern einziehen und Bußgelder verteilen.

Und wir haben Richter, die **auf der Grundlage der Gesetze Recht sprechen**. Sie sind unabhängig. Sie sorgen dafür, dass alle sich an die Regeln halten, die Bürger und der Staat. Und sie können jeden, der das nicht tut, bestrafen.

Diese Teilung der Macht nennen wir Gewaltenteilung. Sie gehört zur Demokratie. Keiner darf alles bestimmen und alle kontrollieren einander.

Wie in einem einzelnen Land, liegt auch in der EU die Macht nicht in einer Hand. Es gibt viele Spieler, alle mit verschiedenen Aufgaben. Zum Beispiel EU-Kommissare, Europarlamentarier oder europäische Beamte. Sie arbeiten für verschiedene europäische **Organe**.

Organ
Eine Organisation oder eine offizielle Person in der EU mit einer bestimmten Aufgabe. Die Organisation oder Person ist Teil eines größeren Ganzen.

Ein europäisches Organ darf neue Gesetze vorschlagen. Andere Organe führen sie aus. Kein einziges Organ darf alles. Die verschiedenen Organe kontrollieren einander.

Die politischen Entscheidungen der EU liegen in vielen Händen.
Fünf Organe spielen eine besonders wichtige Rolle.
In diesem Kapitel stellen wir sie vor.

- Der Europäische Rat
- Der Ministerrat
- Die Kommission
- Das Parlament
- Der Gerichtshof

4.1
DER EUROPÄISCHE RAT

Der Europäische Rat ist das wahrscheinlich bekannteste Organ in der Europäischen Union.

Wer?

Der Europäische Rat besteht aus 30 Personen. Die Mitglieder sind die 28 Staats- und Regierungschefs der Mitgliedstaaten. Der Rat hat außerdem einen eigenen Präsidenten. Und auch der Präsident der Europäischen Kommission ist Mitglied des Rats.

Der Ratspräsident ist selbst kein Staats- oder Regierungschef. Aber er wird von den Mitgliedern des europäischen Rats gewählt. Im Moment ist der Ratspräsident Donald Tusk aus Polen.

Der Europäische Rat besteht aus Mitgliedern von nationalen Regierungen. Diese werden auf nationaler Ebene gewählt.

Was?

Die Aufgabe des Rats ist es, die politische Richtung der EU zu bestimmen. Der Europäische Rat trifft sich mindestens viermal pro Jahr. Die Staats- und Regierungschefs besprechen dann die aktuelle Lage in Europa. Sie bestimmen die Leitlinien der europäischen Politik. Sie verhandeln über Kompromisse zwischen den Mitgliedstaaten. Und sie entscheiden über neue Verträge und Beitritte von neuen Staaten.

Was nicht?

Der Europäische Rat bestimmt die allgemeine Richtung der EU. Darin sind die Staats- und Regierungschefs völlig unabhängig. Der Rat darf aber keine neuen Gesetze vorschlagen. Dafür gibt es andere Organe, zum Beispiel den Ministerrat oder das Parlament.

4.2
DER MINISTERRAT

Der Ministerrat hat offiziell einen anderen Namen: Rat der Europäischen Union. Doch alle nennen ihn Ministerrat, denn in diesem Organ treffen sich die Minister der Mitgliedstaaten.

Wer?
Der Ministerrat hat viele Gesichter. Hier treffen sich die Fachminister aus allen Mitgliedstaaten. In der einen Woche sind das die Finanzminister. In der nächsten Woche kommen die Umwelt- oder Verkehrsminister zusammen. Der Ministerrat ist immer der Gleiche, aber die Besetzung wechselt – je nach Thema.

Was?
Der Ministerrat ist die offizielle Vertretung der Mitgliedstaaten. Im Ministerrat beraten und entscheiden die 28 Mitgliedstaaten über alle Aspekte der Europapolitik.

Der Ministerrat darf neue Gesetze beschließen – aber nur in Zusammenarbeit mit der Kommission und dem Parlament. Wie das funktioniert, lesen Sie im letzten Paragrafen dieses Kapitels. Der Ministerrat ist vor allem ein Organ, das Entscheidungen trifft.

Wie?

Natürlich sind sich die 28 Minister nicht immer einig. Trotzdem müssen sie Entscheidungen treffen. Seit November 2014 gilt im Ministerrat die **qualifizierte Mehrheit**.

Qualifizierte Mehrheit

Eine Entscheidung im Ministerrat ist nur gültig, wenn es eine *Doppelte Mehrheit* gibt. Zwei Bedingungen müssen erfüllt sein:

- 55 Prozent der Mitglieder stimmt für die Entscheidung, also mindestens 15 von 28 Ländern.

- Die Entscheidung wird von Ländern getragen, die zusammen mindestens 65 Prozent aller Einwohner in Europa vertreten.

In der Praxis bedeutet das: Große Länder können die kleinen Länder nicht zwingen und umgekehrt.

Wenn einige große Länder sich zusammentun, können sie gemeinsam noch keine Entscheidung durchsetzen. Sie brauchen immer kleine Länder, um mindestens 55 Prozent der Mitgliedstaaten auf ihrer Seite zu haben.

Viele kleine Länder können gemeinsam auch keine Entscheidung erzwingen. Sie brauchen immer einige große Länder an ihrer Seite, damit sie genügend Einwohner vertreten.

Kritik am Ministerrat:
**Manche Entscheidungen werden als *die Schuld von Brüssel*
präsentiert**

Vor 2005 waren die Entscheidungen im Ministerrat nicht öffentlich. Ein Minister konnte zu Hause behaupten: Ich bin in dieser Frage dagegen. Und in Europa – im Ministerrat – konnte er doch dafür stimmen. Die Bürger in den Mitgliedstaaten wussten nicht, wie ihr eigener Minister in einer Sache wirklich abgestimmt hatte.

Martin Schulz, Parteivorsitzender der SPD und früher Vorsitzender des Europaparlaments, sagte dazu:

„Europa kann scheitern, weil diejenigen, die es besser wissen müssten, schlecht und unwahr über die EU sprechen. Das ist das Schuld-Spiel: Gutes kommt aus den Hauptstädten, Schlechtes aus Brüssel."

Inzwischen sind alle Entscheidungen öffentlich. Außerdem hat das Parlament viel mehr Macht als früher. Der Ministerrat darf nur noch weniges allein entscheiden.

Doch es gibt wenig Medieninteresse für die Entscheidungen des Ministerrats. Deshalb gibt es noch nicht genug öffentliche Kontrolle und Gegengewicht.

4.3
DIE KOMMISSION

Neben dem Europäischen Rat ist die Europäische Kommission das Gesicht der Union.

Die Kommission ist eine supranationale Behörde. Das bedeutet, sie steht nicht neben, sondern über den Mitgliedsländern.
Die Kommission wird auch nicht vom Europaparlament kontrolliert. Das macht sie sehr mächtig. Aber auch die Kommission kann nicht alles machen, was sie will.

Wer?
Die Kommission besteht aus 28 Kommissaren. Jedes Mitgliedsland darf einen eigenen Kommissar vorschlagen. Der Kommissionspräsident ist im Moment Jean-Claude Juncker aus Luxemburg. Die 27 anderen Kommissare sind alle für einen Politikbereich verantwortlich.

Was?
Das sind die Aufgaben der Kommission:
1. **Die Europäische Union steuern.** Die Kommission hat als einziges Organ der EU das Recht, neue Gesetze zu entwickeln. Das nennen wir Initiativrecht.
2. **Verträge ausführen.** Die Kommission führt viele europäische Gesetze und Verordnungen aus. Sie kontrolliert zum Beispiel, ob alle Mitgliedstaaten die Gesetze auch national anwenden.
3. **Die EU repräsentieren.** Bei offiziellen Anlässen und bei Verhandlungen mit anderen Organisationen vertritt die Kommission die Europäische Union auf der Weltbühne.
4. **Die EU intern organisieren.** Die Kommissare kontrollieren zum Beispiel den EU-Haushalt. Sie sehen darauf, dass alle Gelder richtig verteilt und ausgegeben werden.

Wie?
Die Kommission arbeitet nach dem *Kollegialprinzip*. Das bedeutet: Die Kommissare müssen alle Entscheidungen gemeinsam treffen.

Obwohl die Kommission viel Macht und Wissen hat, kann sie nicht alleine entscheiden, welche Politik die EU verfolgt.
Für alle wichtigen Entscheidungen braucht die Kommission die Mitarbeit und Zustimmung des Ministerrats und des Parlaments.

Kritik
Die 28 Kommissare der Kommission werden nicht direkt gewählt.
Jeder Mitgliedstaat darf selbst seinen Kommissar vorschlagen.
Nur der Präsident der Kommission wird seit 2014 vom Europäischen Parlament gewählt. Bei dieser Wahl zählt auch, welche Parteien bei der letzten Europawahl gewonnen haben.

4.4
DAS PARLAMENT

Das Europäische Parlament hat seinen Sitz in Straßburg (Frankreich). Im Laufe der Zeit hat das Parlament immer mehr Macht und Einfluss bekommen.

Wer?
Das Parlament hat 751 Mitglieder. Die Bürger der 28 EU-Länder wählen die Abgeordneten alle fünf Jahre in einer Direktwahl. Je mehr Einwohner ein EU-Land hat, desto mehr Abgeordnete können die Bürger wählen. Diese Abgeordneten repräsentieren die Bürger ihrer Länder im Europaparlament.

Was?
Lange Zeit hatte das Parlament wenig Macht. Die Abgeordneten durften nur beraten, der Ministerrat und die Kommission trafen die Entscheidungen. Doch mit jedem neuen EU-Vertrag wurden die Aufgaben des Parlaments erweitert. Das Parlament darf immer mehr mitentscheiden. Inzwischen ist das Parlament genauso wichtig wie der Ministerrat.

Das sind die Aufgaben des Parlaments:
1. Das Parlament **bestimmt bei fast allen Gesetzen mit**.
Wie ein neues Gesetz entsteht, lesen Sie auf Seite 62.
2. Das Parlament **kontrolliert die Arbeit der anderen EU-Organe**.
Am wichtigsten ist die Kontrolle der Europäischen Kommission.
3. Das Parlament **verabschiedet und kontrolliert** gemeinsam
mit dem Ministerrat **den EU-Haushalt**. Das bedeutet:
Die Abgeordneten entscheiden mit, wofür die EU wie viel Geld ausgibt.
Wenn sie mit dem Vorschlag der Kommission nicht einverstanden sind,
muss diese einen neuen Vorschlag machen.

Wie?
Die Abgeordneten sitzen in 'politischen Familien' zusammen.
Diese Familien nennen wir Fraktionen. Die SPD bildet zusammen
mit anderen Sozialdemokraten aus allen EU-Ländern eine Fraktion.

Es gibt eine Fraktion der Liberalen, eine der Grünen und mehrere
konservative Fraktionen. In einer konservativen Fraktion arbeitet
die deutsche CDU zum Beispiel mit der Partei von Silvio Berlusconi
aus Italien zusammen. Auch die Parteien mit grundsätzlicher Kritik
an Europa haben sich in einer Fraktion zusammengetan.

Im Europaparlament gibt es keine Regierungskoalition oder
Opposition. Fast alle Fraktionen arbeiten auch mit anderen
politischen Familien zusammen. Die politischen Fraktionen können
verschiedene Mehrheiten bilden, um Vorschläge zu unterstützen.
Oft finden sich die europäischen Sozialdemokraten mit den
Christdemokraten zusammen. Zusammen haben sie eine Mehrheit
im Europäischen Parlament.

Kritik

Das Parlament bekommt nur wenig Aufmerksamkeit in den Medien. Viele Menschen kennen ihre Abgeordneten nicht. Bürger wissen kaum, was das Parlament macht.

Ein Grund dafür ist, dass die Europawahlen in jedem Land national organisiert werden. Menschen geben ihre Stimme meistens dem Vertreter einer nationalen Partei. So wird kaum deutlich, dass sie eigentlich Abgeordnete für europäische Fraktionen wählen.

DER GERICHTSHOF

Das letzte Organ, das wir hier vorstellen, ist der Europäische Gerichtshof in Luxemburg.

Wer?
Der Gerichtshof tagt seit 1953 in Luxemburg. Er besteht inzwischen aus 28 Richtern, also einem Richter pro Mitgliedstaat. Davon ist einer der Präsident des Gerichtshofs, ein anderer Vizepräsident.

Was?
Die Aufgaben des Gerichtshofs sind:
1. Das **Überwachen der Arbeit** der Europäischen Union.
2. Dafür sorgen, dass die **Gesetze der EU überall einheitlich** eingehalten werden.

Das Gericht darf nicht selbst bestimmen, welche Fälle es aufgreift. Es kann nur ein Urteil fällen, wenn jemand eine Klage oder Anfrage einreicht. Zwischen 1953 und 2013 hat der Gerichtshof fast 18.000 Urteile gesprochen. Inzwischen behandelt der Gerichtshof etwa 700 Rechtssachen und Verfahren pro Jahr.

Wie?
Die Urteile des Gerichts sind sehr wichtig für das Zusammenwachsen der Mitgliedstaaten. Nachdem der Gerichtshof eine Sache aus einem Land behandelt hat, gilt das Urteil ab sofort in der ganzen EU.

Seit 2014 gilt außerdem die Grundrechtecharta. Darin stehen die wichtigsten Grundrechte und Regeln für alle Menschen, die in der EU leben.

Kritik
Manchmal führt ein Urteil des Gerichtshofs zu Spannungen.
Wenn das höchste nationale Gericht in einem Land A gesagt hat und der EU-Gerichtshof sagt anschließend B, dann gilt immer das Urteil B. Damit wollen Politiker und Richter in den Mitgliedstaaten sich nicht immer abfinden.

Neben diesen fünf Institutionen (Europäischer Rat, Ministerrat, Kommission, Parlament und Gerichtshof) hat das EU-System noch viele andere Organe. Einige davon kennen Sie bestimmt: die Europäische Zentralbank, den Ausschuss der Regionen, den Europäischen Rechnungshof, die Europäische Investitionsbank, den Wirtschafts- und Sozialausschuss. In den vielen Fragen, mit denen sich die EU beschäftigt, arbeiten diese Organe zusammen.

Wie die wichtigsten Institutionen ihre Arbeit untereinander ergänzen, sehen wir auch bei der Entstehung von neuen europäischen Gesetzen.

4.6

WIE ENTSTEHT EIN EU-GESETZ?

Für jedes neue europäische Gesetz müssen drei Institutionen zusammenarbeiten. Die Europäische Kommission macht den Vorschlag für das Gesetz. Das Europäische Parlament und der Ministerrat dürfen den Entwurf ändern und ergänzen. Erst wenn Parlament und Ministerrat einverstanden sind, wird das Gesetz verabschiedet und tritt danach in Kraft.

Das ist der Weg eines Gesetzes:

1. Ideen sammeln: Parlament – Ministerrat – EU-Bürger

Die meisten Ideen für neue Gesetze stammen aus dem Parlament. Auch der Ministerrat kommt mit Ideen. Manchmal haben EU-Bürger eine gute Idee. Wenn sie in einem Jahr mehr als eine Million gültige Unterschriften sammeln, können sie damit einen Auftrag für den Entwurf eines neuen Gesetzes einreichen.

2. Die Kommission bekommt den Auftrag

Parlament, Ministerrat und Bürgerinitiativen – sie alle sammeln Vorschläge. Dann geben sie einen Entwurfsauftrag an die Europäische Kommission. Denn in der EU gibt es nur ein Organ, das neue Gesetze offiziell vorschlagen darf: die Kommission.

3. Das Parlament entscheidet: Entwurf annehmen oder ändern

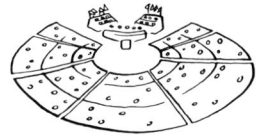

Die Europäische Kommission schickt dann ihren Gesetzesentwurf an das Europäische Parlament. Das Parlament kann bestimmen, den Entwurf ohne Änderungen anzunehmen. Oder es kann den Entwurf verändern. Wenn der Entwurf ohne Änderungen angenommen wird, wird er ein EU-Gesetz.

4. Die Fachkommissionen im Parlament besprechen Änderungen

Wenn es keine Mehrheit gibt, wird der Entwurf zuerst in verschiedenen Fachkommissionen besprochen und geändert. Hier versuchen die verschiedenen politischen Fraktionen, Vorschläge einzubringen und einander zu überzeugen. Auch andere versuchen jetzt Einfluss zu nehmen.

Zum Beispiel professionelle **Lobbyisten**. Oder Interessenverbände von Bürgern: Sie organisieren Umfragen und Petitionen und bringen die Ergebnisse in die Fachkommissionen ein.

Lobbyist

Jemand, der für die Interessen von großen Unternehmen oder Verbänden eintritt. Ein Lobbyist versucht, Abgeordnete für deren Sache zu gewinnen. In Europa sind viele tausende von Lobbyisten aktiv.

5. Parlament und Ministerrat beraten sich

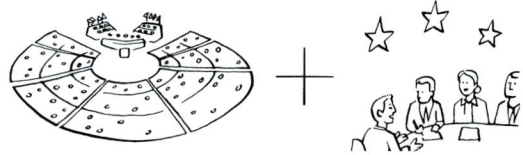

Nach den Änderungen entscheidet das Parlament in einer *Plenarsitzung* über den Entwurf. Das bedeutet: alle Abgeordneten müssen darüber abstimmen.

Gleichzeitig bildet sich auch der Ministerrat seine Meinung über den Entwurf. Im Gegensatz zum Parlament arbeitet der Ministerrat oft hinter verschlossenen Türen. Auch der Ministerrat kann den Entwurf ändern und darüber abstimmen.

6. Parlament, Ministerrat und Kommission verhandeln

Wenn das Parlament und der Ministerrat sich über einen Gesetzesentwurf nicht einigen können, verhandeln sie. Das passiert oft. Der Berichterstatter des Parlaments und sein Team sprechen mit Vertretern des Ministerrats und der Kommission. Gemeinsam versuchen sie, einen Kompromiss zu finden. Die Gespräche mit drei Institutionen nennen wir: *Trialog*.

7. Abstimmen im Parlament und im Ministerrat

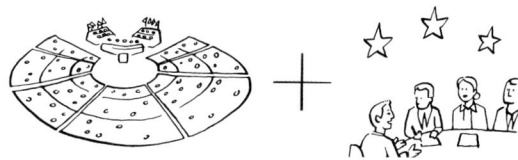

Wenn alle sich geeinigt haben, geht der Gesetzesentwurf ein letztes Mal zurück ins Parlament und in den Ministerrat. Dort wird noch einmal abgestimmt. Wenn Parlament und Ministerrat dem Entwurf zustimmen, ist das Gesetz angenommen und wird verabschiedet.

8. Ausarbeiten des Gesetzes in der Kommission

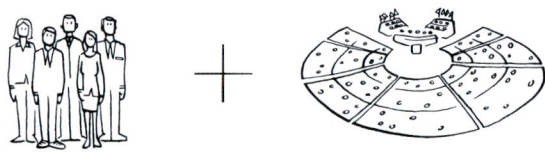

Jetzt machen sich Beamte der Kommission und aus den EU-Ländern an die Ausarbeitung, gemeinsam mit Experten von außen.

Das Parlament kann diese Arbeit kontrollieren und darf Beschwerde gegen die Ausarbeitung des Gesetzes einbringen. Darum behalten die Abgeordneten ein Gesetz auch nach der Verabschiedung noch scharf im Auge. Das verabschiedete Gesetz und die Ausarbeitung müssen genau übereinstimmen.

5

WICHTIGE REFORMIDEEN

In **Kapitel 5** stellen wir **Reformideen für Europa** vor. Wir besprechen häufige Kritikpunkte an der EU und die Ziele der Sozialen Demokratie für Europa. Dann reden wir über konkrete Vorschläge, was in Europa in Zukunft anders gemacht werden könnte.

Bis jetzt ging es in diesem Buch um die Geschichte der Europäischen Union. Wir wissen, wie Europa wurde, wie es heute ist.
Und wir kennen einige Ziele der Sozialen Demokratie für Europa.

Doch wie könnte es in Europa weitergehen? Gibt es überhaupt konkrete Vorschläge für die Zukunft der EU? Die gibt es, von Kritikern und von Befürwortern.

Kurz gesagt: die Kritiker wollen oft *weniger Europa*.
Weniger Regeln, weniger Zusammenarbeit, weniger geteilte Werte.
Und die Befürworter wollen oft *mehr Europa*. Mehr Zusammenhalt, mehr geteilte Verantwortung, mehr bindende Verträge.

Wie denkt die Soziale Demokratie darüber? Sie setzt sich für ein starkes und soziales Europa ein. Das bedeutet: mehr Europa – aber vor allem ein gerechtes und soziales Europa für die Bürger.

In diesem Kapitel stellen wir einige Reformideen für Europa vor, die zu den Grundideen der Sozialen Demokratie passen.

5.1

DEMOKRATIE

Die Situation jetzt
Wenn in Kapitel 4 *(Wie die EU funktioniert)* eines klar wurde, ist es: Die EU ist ein komplexes politisches System. Das hat verschiedene Ursachen.

1. Die EU ist langsam gewachsen
Vor siebzig Jahren wusste niemand, dass die EU einmal so groß wird. Oder dass sie auf so vielen Gebieten Entscheidungen trifft.

Die nationalen Regierungen haben im Laufe der Zeit einen Teil ihrer Macht auf Europa übertragen. So konnte die EU in vielen Bereichen einheitliche Regeln einführen. Dadurch bekamen die EU-Organe immer mehr Verantwortung.

Doch gleichzeitig wollten die Mitgliedstaaten auch ihren eigenen politischen Einfluss behalten. Darum bestehen mehrere Organe wie der Europäische Rat (nationale Regierungsvertreter) und die Kommission (supranationale EU-Behörde) nebeneinander. Das ist gut für das Gleichgewicht zwischen den Mitgliedstaaten und der EU. Aber es macht es auch schwerer, Entscheidungen zu treffen.

2. Viele Akteure sind auf verschiedenen Ebenen aktiv
Die Staats- und Regierungschefs zum Beispiel oder die Minister. Sie müssen zu Hause und im Europäischen Rat ihr eigenes Land vertreten. Das ist die nationale Ebene. Aber auf EU-Ebene müssen sie zusammenarbeiten.

3. Länder haben unterschiedliche Interessen

Nicht alle Länder wollen das Gleiche. Manche Länder haben auf einem Gebiet die gleichen Interessen, auf anderen Gebieten stehen sie sich gegenüber.

Manche EU-Länder arbeiten enger zusammen als andere, zum Beispiel in der Währungsunion. Andere wollen zwar die Vorteile als Mitglieder der EU genießen. Sie wollen aber möglichst wenig beitragen, auch finanziell, damit sie zu Hause besser dastehen.

Wir wissen, dass die Organisation der EU komplex ist.
Wir wissen auch, wie die verschiedenen Organe der EU zusammenarbeiten. Und wir wissen, welche Kritik es an den verschiedenen Organen gibt. (Siehe S. 50 bis 61.)
Was bedeutet das für die Reformvorschläge der Soziale Demokratie?

In Kapitel 2 haben wir gesehen, **welche Ziele** die Soziale Demokratie **für die Demokratie in Europa** hat. Zusammengefasst sind es diese vier Punkte:

- Europa soll von möglichst vielen Bürgern unterstützt werden.
- Europa soll demokratisch funktionieren.
- Europa soll in seinen Entscheidungen vollkommen transparent sein.
- Alle Bürger sollen gemeinsam entscheiden, wer die Macht hat.

Die Europäische Union, wie sie heute ist, erfüllt diese Ziele nur zum Teil.

Was die Soziale Demokratie ändern möchte

- Die Position des Parlaments im gesamten EU-System ist immer noch zu schwach. Das Parlament muss weiter gestärkt werden.
- Statt Europawahlen auf nationaler Ebene soll es eine große Europawahl geben.
- Die Fraktionen im Parlament treten zu wenig als europäische Parteien auf. Die nationalen Parteien sollen auf EU-Ebene besser zusammenarbeiten.
- Die Kommission darf im Moment Gesetze vorschlagen und gleichzeitig ausführen. Wir brauchen eine bessere Aufteilung der Macht.
- Der Ministerrat und die Kommission haben viel Macht und Verantwortung, doch sie werden nicht direkt gewählt. Das muss sich ändern.
- Medien interessieren sich weniger für Entscheidungen in der EU als für Entscheidungen auf nationaler Ebene. Daher fehlt es oft an einer Kontrolle durch die Medien. EU-Politik muss in den Medien mehr Platz bekommen.

Reformvorschläge

1. Die Europawahlen sollen "europäischer" werden
2. Europa soll demokratischer funktionieren

1. Die Europawahlen sollen "europäischer" werden

 Wahlliste: Europäische Parteien

Im Moment wählen wir bei den Europawahlen nationale Vertreter auf nationalen Listen. Die Parteien haben schon jetzt einen gemeinsamen Spitzenkandidaten. In Zukunft sollte die europäische Partei auf der Wahlliste stehen. Das stärkt das Ziel der Sozialen Demokratie – ein Europäisches Parlament mit Vertretern europäischer Parteien.

 Wahlprogramm: Europäische Programme

Im Moment geht es bei den Europawahlen meistens um nationale Probleme. Dadurch empfinden viele Bürger die Europawahl als weniger wichtig als zum Beispiel die Bundestagswahl. In Zukunft könnten die europäischen Parteien gemeinsame Wahlprogramme aufstellen. Je wichtiger die Themen, desto wichtiger werden auch die Europawahlen.

 Wahlkampf: Europaweite Strategie

Gemeinsame Kandidaten und ein gemeinsames Programm machen die Wahlen schon viel europäischer. Der nächste Schritt ist: Die nationalen Parteien sollten im Wahlkampf in allen Ländern gemeinsam erklären, was ihnen für Europa wichtig ist. Wenn sie die gleiche Botschaft aussenden, gibt es viel mehr Aufmerksamkeit für europäische Themen. Das stärkt das Ziel der Sozialen Demokratie – dass möglichst viele Menschen sich in Europa wohlfühlen und mitmachen.

2. Europa soll demokratischer funktionieren

Das langfristige Ziel der Sozialen Demokratie ist,
dass die EU wie ein **parlamentarisches Regierungssystem**
funktioniert. Das würde die Demokratie in Europa stärken.

Parlamentarisches Regierungssystem
Jedes Land hat eine Regierung mit Ministern. Doch wer hat
die letzte Entscheidung darüber, welche Politik eine Regierung
ausführt? Dafür gibt es in demokratischen Ländern zwei Systeme:
das parlamentarische und das präsidentielle.

Im parlamentarischen System wählt das Volk das Parlament.
Das Parlament wählt dann den Regierungschef.
Im präsidentiellen System wählt das Volk das Parlament
und den Präsidenten jeweils in einer Direktwahl.

Die meisten Mitgliedstaaten der EU haben ein parlamentarisches
Regierungssystem. Die USA haben ein präsidentielles
Regierungssystem. Frankreich hat eine Zwischenform.

Auf dem Weg zu einem parlamentarischen Regierungssystem für die gesamte EU könnten diese Reformen helfen:

 Der Kommissionspräsident wird vom Parlament oder in einer Direktwahl von den EU-Bürgern gewählt.

 Die Zusammensetzung der Kommission zeigt, wie stark die verschiedenen Fraktionen im Parlament sind.

 Das Parlament bekommt eigenes Initiativrecht, es darf also Gesetze entwickeln.

 Die EU bekommt eine eigene Verfassung, mit Grundrechten und Menschenrechten als Basis.

Wie stehen die Chancen für diese Reformideen?

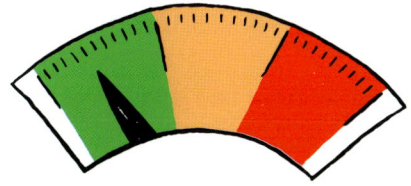

Gar nicht schlecht. Wie bei fast alle Entwicklungen in Europa, werden diese Punkte nicht schon morgen eingeführt werden. Die Mitgliedstaaten müssen verhandeln, die EU-Organe brauchen Zeit für Kompromisse. Doch die EU wird langsam aber sicher immer demokratischer werden.

5.2
WOHLSTAND

Die Situation jetzt
Seit der ersten Europäischen Gemeinschaft
für Kohle und Stahl ist viel passiert.
Die europäische Wirtschaft ist in wenigen
Jahrzehnten fest zusammengewachsen.

Das große, gemeinsame Ziel der Mitgliedstaaten war seit den 1950er
Jahren: Wirtschaftswachstum. Um dieses Ziel zu erreichen, haben
die Mitgliedstaaten zwei wichtige Entwicklungen vorangetrieben:

1. Den gemeinsamen Markt
2. Die gemeinsame Währung

Markt
ist ein Begriff aus der Wirtschaft. Damit ist gemeint:
das Zusammenbringen von Angebot und Nachfrage.
Und zwar für alle Waren und Dienstleistungen.

Zum Beispiel der Markt für Gebrauchtwagen.
Das sind alle Menschen, die einen Gebrauchtwagen suchen.
Und alle Händler und Privatpersonen, die einen oder mehrere
Gebrauchtwagen anbieten.

1. Der gemeinsame Markt

In der EU dürfen alle Menschen handeln, leben und arbeiten, wo und mit wem sie wollen. Im gemeinsamen Markt gelten **vier wichtige Freiheiten**.

1. **Waren.** Alle Länder dürfen ihre Produkte frei verhandeln. Sie zahlen keine Gebühren für Import oder Export.

2. **Personen.** Alle Bürger der EU haben das Recht, überall zu leben und zu arbeiten.

3. **Kapital.** Alle Personen und Unternehmen dürfen ihr Geld in jedem Mitgliedstaat ausgeben, investieren und sparen.

4. **Dienstleistungen.** Jeder hat das Recht, seine Dienstleistungen überall in der EU anzubieten.

2. Die gemeinsame Währung

Wenn Länder viel untereinander handeln, ist es nicht praktisch, wenn ihre Währungen in unterschiedlichen Ländern nicht gleich viel wert sind. Wenn die **Wechselkurse** schwanken, ist das schlecht für die Wirtschaft. Denn es kostet die Händler Geld.

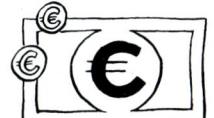

Wechselkurs

Der Preis einer ausländischen Währung, ausgedrückt in der eigenen Währung. Zum Beispiel: Ein amerikanischer Dollar kostet 90 Eurocent.

Deswegen haben einige Mitgliedstaaten der EU sich Schritt für Schritt in einer **Währungsunion** zusammengefunden. Einige, nicht alle. Im Moment machen in der Währungsunion 19 von 28 Mitgliedstaaten mit.

In der Währungsunion gab es den Euro zuerst nur als gemeinsames Buchgeld. Man konnte mit der gemeinsamen Währung rechnen und handeln, aber nicht bar bezahlen. Am 1. Januar 2002 wurde der Euro als Bargeld eingeführt. Seitdem bezahlen wir in allen Ländern der Währungsunion mit den gleichen Scheinen und Münzen. Die 19 Länder, die inzwischen mitmachen, nennen wir die **Eurozone**.

Eine gemeinsame Bank kontrolliert die gemeinsame Geldpolitik der Eurozone. **Das ist die Europäische Zentralbank (EZB)** in Frankfurt. Die Zentralbank hat die Aufgabe, die Währung und die Preise in der Eurozone stabil zu halten.

Dafür müssen alle Mitglieder der Eurozone sich an strenge Wirtschaftsregeln halten. Die wichtigste Regel lautet: Ein einzelnes Land darf nicht zu viele Schulden machen, damit die gemeinsame Wirtschaft immer stabil bleibt. Diese Regel steht im **Stabilitäts- und Wachstumspakt**.

Stabilitäts- und Wachstumspakt

1997 schlossen die Mitglieder der Währungsunion einen Pakt. Alle Länder halten wirtschaftlich zusammen. Der Pakt bestimmt, wie viele Schulden die Staaten machen dürfen. Jedes Land darf pro Jahr nicht mehr Geld ausleihen als drei Prozent von allem, was das Land in diesem Jahr erwirtschaftet. Und die gesamten Schulden eines Landes dürfen nicht mehr sein als 60 Prozent von allem, was das Land pro Jahr erwirtschaftet.

Inzwischen hat die Eurozone erkannt, dass dieser Pakt oft nicht flexibel genug ist. Wenn ein Land in eine Wirtschaftskrise gerät, muss es vielleicht mehr Schulden machen und Geld investieren, um die Krise zu meistern. Das ist Wirtschaftspolitik im Sinne von **John Maynard Keynes**.

Eine besondere Krise war natürlich die Eurokrise.

Mehr lesen zur Wirtschaftspolitik von Keynes?
Siehe Kurz und Klar 2, ab Seite 33.

Die Eurokrise
Wie kam es zur größten Wirtschaftskrise in der Geschichte der EU?
Und was wissen wir nach der Krise?

Der Anfang der Eurokrise liegt nicht in Europa, sondern in Amerika.
Dort machte 2008 eine große Bank pleite. Die Kunden der Bank
verloren alle ihr Geld. Die Politik meinte danach: Solche Schäden
sind für Kunden und Aktionäre zu groß. Wenn Menschen auf einmal
hohe Schulden haben, leidet am Ende die ganze Wirtschaft darunter.
Darum entschied sie: Wenn das noch einmal passiert, übernimmt der
Staat die Schulden der Bank.

Bei der nächsten Bankenpleite zahlte tatsächlich der Staat.
Doch der Staat, das sind alle.

So wurden die Geldprobleme von Banken auf einmal die
Geldprobleme von Staaten. Auch von Ländern, die in der Eurozone
sind – wie zum Beispiel Griechenland und Spanien. Diese Länder
hatten auf dem internationalen Finanzmarkt viel Geld geliehen.
Auch von Banken, die Probleme hatten.

Die Schulden von Griechenland und Spanien explodierten.
Diese Länder konnten ihre Schulden nicht bezahlen, sogar die Zinsen
konnten sie nicht mehr zahlen. Und an den Stabilitätspakt der
Eurozone konnten sie sich schon gar nicht mehr halten.

Die anderen Länder in der Eurozone dachten: "Mit gefangen,
mit gehangen. Wenn die Wirtschaft in einem Mitgliedsland einstürzt,
zieht dieses Land vielleicht alle anderen Wirtschaften mit.
Am Ende verlieren wir unsere gemeinsame, starke Währung."

Die wirtschaftlich stärkeren Länder beschlossen, den Krisenländern zu helfen. Leider kam die Hilfe recht spät, sonst wäre das Problem nicht so groß geworden – aber immerhin. Die Eurozone schloss neue Verträge ab: Die Starken garantierten, den Schwachen mit ihren Schulden zu helfen. So konnten die Krisenländer neues Geld leihen, um die Zinsen für ihre Schulden zu bezahlen.

Doch diese Garantie hatte eine Kehrseite: In der EU setzen sich die Wirtschaftsliberalen durch. Sie zwangen die Krisenländer, extrem zu sparen. Die Folgen: weniger Handel, weniger Arbeitsplätze, weniger Geld zum Ausgeben. In Spanien und Griechenland brach die Wirtschaft ein. 2013 hatte mehr als die Hälfte aller Jugendlichen keine bezahlte Arbeit. Und die Staatsschulden der Länder wurden nicht weniger. Aus Sicht der Sozialen Demokratie wäre ein Aufbauplan für diese Länder besser gewesen.

Die Eurokrise ging weiter, bis die Europäische Zentralbank sagte: "Wir machen alles, was nötig ist, um den gemeinsamen Markt zu retten." Die Bank kaufte die Schulden der Krisenländer auf. Die schwächeren Länder bekamen günstige Kredite. So viele, wie sie brauchten. Die stärkeren Länder zahlten große Summen, um die schwächeren zu retten. Diese Maßnahmen waren wirksam. Die Kettenreaktion wurde gestoppt. Der Euro war gerettet.

Was wissen wir nach der Eurokrise?
1. Die Eurozone hat immer noch eine gemeinsame Währung. Aber es gibt noch keine neuen, strengeren Regeln, die eine neue Krise verhindern könnten. Jedes Mal, wenn eine Bank schlechte Geschäfte macht, kann das zu einer neuen Wirtschaftskrise führen.
Die wirtschaftliche Unsicherheit in Europa ist nicht kleiner, sondern größer geworden.

2. Die Wirtschaft in einigen Euroländern ist Jahre später noch sehr schwach. Die Arbeitslosigkeit ist hoch, Menschen haben wenig Geld und wenig Hoffnung auf Verbesserung ihres Lebens. Sie haben auch wenig Vertrauen in den Staat. Es gibt viele Proteste. Menschen wählen oft links- oder rechtspopulistische Parteien.
Die Unterschiede zwischen Arm und Reich in Europa sind nicht kleiner, sondern größer geworden.

3. Nicht alle Länder in der Eurozone wollen jetzt noch weiter wirtschaftlich zusammenwachsen. Mitten in der Krise dachten alle: Wir müssen zusammenhalten. Und wir brauchen strengere Regeln für Banken und Finanzmärkte. Doch inzwischen gehen die Meinungen auseinander. Jetzt treffen manche Länder in der Eurozone lieber eigene Entscheidungen, als auf die anderen zu warten.
Der Wille zur wirtschaftlichen Zusammenarbeit in Europa ist nicht größer, sondern kleiner geworden.

Die Zentralbank hat ihre Regeln nach der Eurokrise nicht gelockert.
Alle Euroländer müssen für den Stabilitätspakt zahlen. Alle müssen
weiter mitmachen, auch die schwächeren Länder. Aber die Regeln
des Stabilitätspakts sind für manche Länder auf Dauer zu streng.
Wenn sie im Euro bleiben wollen, bleibt ihre Wirtschaft schwach.

Die Mitglieder der Eurozone (19 Länder) und der Europäischen
Union (28 Länder) arbeiteten früher wirtschaftlich immer gerne
zusammen. Denn sie hatten ein gemeinsames Ziel: Alle wollten
Wirtschaftswachstum. Doch Wachstum als Ziel für sich,
das funktioniert nicht mehr.

Denn die Unterschiede zwischen den Ländern sind groß.
Und die Eurozone hat keine eigene Führung. Es gibt keine europäische
Organisation, die wirtschaftliche Entscheidungen für alle trifft.
Der Europäische Rat besteht aus Regierungschefs, die immer auch
an ihre nationalen Interessen denken müssen.

In Kapitel 2 haben wir gesehen, **welche Ziele** die Soziale Demokratie
für Wachstum in Europa hat. Zusammengefasst geht es um
Folgendes:

- Die Wirtschaften aller Mitgliedstaaten sollen wachsen können.
- Wachstum funktioniert nur, wenn wir auch an unsere Mitmenschen und die Umwelt denken.
- Das Wachstum soll für die Bürger eingesetzt werden.

Die Europäische Union von heute erfüllt diese Ziele nur zum Teil.

Was die Soziale Demokratie ändern möchte

Wachstum der europäischen Wirtschaft soll kein Ziel an sich sein.
Die Soziale Demokratie setzt sich für Qualitatives Wachstum ein.
Das ist ein Wachstum, das Europa sozialer und nachhaltiger macht.
Es ist Wachstum, von dem nicht nur einige, sondern alle profitieren.

Reformvorschläge

Wie kann die EU – und vor allem die Eurozone – ihre Wirtschaftspolitik am besten stärken? Aus Sicht der Sozialen Demokratie haben zwei Reformvorschläge gute Chancen.

1. Europa braucht eine Wirtschaftsregierung
2. Europa braucht bessere Regeln und zielgenaue Strafen

1. Europa braucht eine Wirtschaftsregierung

Die Staats- und Regierungschefs im Europäischen Rat sollen nicht alleine über die europäische Wirtschaftspolitik entscheiden.
Sie denken zu oft an nationale Interessen.

 Eine europäische Wirtschaftsregierung könnte Entscheidungen treffen, die den Interessen aller Menschen in Europa dienen – denen aus stärkeren und schwächeren Ländern.

Diese Regierung soll drei Ziele haben:
- Die Wirtschaften der Eurozone sollen weiter zusammenwachsen.
- Die Finanzmärkte sollen besser funktionieren.
- Die Mitgliedstaaten sollen weniger Schulden machen.

Um ihre Arbeit auszuführen, kann die Wirtschaftsregierung zwei Wege wählen.

Sie kann mit Regeln und Maßnahmen dafür sorgen, dass Länder, Banken und Unternehmen ihrer Wirtschaftspolitik folgen.
Das nennen wir **vorbeugen oder fördern**.

Und sie kann Länder, Banken und Unternehmen bestrafen, wenn sie sich nicht an die Regeln halten. Das nennen wir **korrigieren oder bestrafen**.

2. Europa braucht bessere Regeln und zielgenaue Strafen

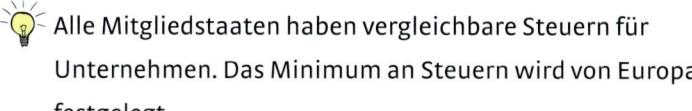

Bessere Regeln: Vorbeugen
Natürlich dürfen die Mitglieder in der Eurozone wirtschaftlich miteinander konkurrieren. Doch wenn eine Wirtschaft wachsen will, sollte sie das durch den Verkauf von besseren Produkten schaffen. Eine europäische Wirtschaft soll in Zukunft durch Qualität und Erneuerung wachsen, nicht durch Niedriglöhne und Steuerparadiese.

Um das zu erreichen, soll die Wirtschaftsregierung die folgenden Reformideen ausführen:

- Alle Mitgliedstaaten haben vergleichbare Steuern für Unternehmen. Das Minimum an Steuern wird von Europa festgelegt.

- Alle Mitgliedstaaten haben einen vergleichbaren **Mindestlohn**.

- Der Mindestlohn sollte in jedem Land mindestens 60 Prozent, also mehr als die Hälfte eines Durchschnittsgehalts sein.

- Die Mitgliedstaaten halten sich an eine Leistungsbilanz von +/-3 Prozent. Das bedeutet: Der jährliche Import und Export von Waren und Dienstleistungen muss einigermaßen ausgewogen sein.

- Europa erhebt Steuern auf den Geldhandel: Wer in der EU mit teuren Wertpapieren handelt, muss zahlen. Je schneller jemand die Papiere weiter verkauft, desto höher sind die Steuern. Denn wenn Börsenhändler Wertpapiere immer sehr schnell kaufen und verkaufen, führt das zu viel Unsicherheit auf dem Markt. Das sollen die hohen Steuern verhindern.

Mindestlohn
Das ist der staatlich festgelegte Lohn, den ein Arbeiter oder Angestellter mindestens pro Stunde bekommt.

Strafen: Korrigieren

- Die wichtigste Reformidee in diesem Bereich ist der neue **Europäische Währungsfonds (EWF)**. Dieses Organ soll eine wichtige Aufgabe bekommen: Wenn ein oder mehrere Länder der Eurozone eine Wirtschaftskrise haben, soll der EWF schnell handeln und dem Europäischen Rat bei seinen Entscheidungen helfen.

Der EWF bekommt dazu ein eigenes Mittel: Er kann Mitgliedstaaten mit Finanzproblemen schnell Geld ausleihen. Diese Darlehen sind Geld aus der ganzen Eurozone, bestimmt für ein einzelnes Land. Sie heißen **Eurobonds**.

Der Gedanke hinter den Eurobonds ist dieser: Wenn ein Land in der Krise steckt, versuchen Geldhändler auf dem internationalen Finanzmarkt, davon zu profitieren. Doch niemand kann die Wirtschaft eines einzelnen Landes angreifen, wenn dahinter das gemeinsame Geld von allen Länder der Eurozone steht.

Wie stehen die Chancen für diese Reformideen?

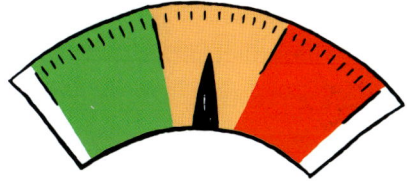

Können diese Reformideen in den kommenden Jahren in der EU ausgeführt werden? Nur wenn die Mitgliedstaaten weiter an eine gemeinsame Wirtschaftspolitik glauben. Viele Politiker meinen inzwischen, die Chancen stehen seit der Eurokrise eher schlecht. Doch was ist die Alternative? Was passiert bei einer neuen Krise?

5.3
SOZIALER AUSGLEICH

Die aktuelle Situation

Bis jetzt war Wirtschaftswachstum immer das wichtigste Ziel der europäischen Zusammenarbeit. Sozialer Ausgleich war weniger selbstverständlich. Gleiche Chancen für alle – das bedeutet, dass jedes Mitgliedsland den Schwächeren in seiner Gesellschaft hilft.

Dafür muss ein Land ein **Sozialstaat** sein, der die Chancen und Leistungen gerecht verteilt. Ein Sozialstaat braucht Geld und das kommt aus den Steuern. Alle bezahlen mit, aber die stärksten Schultern tragen die schwersten Lasten.

Sozialstaat

Alle Sozialpolitik eines Staates. Dazu gehören zum Beispiel Kitas und Schulen, aber auch Krankenversicherungen und Renten.

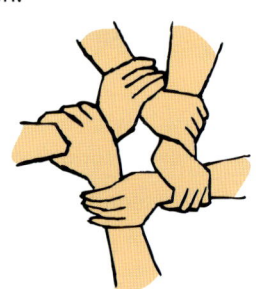

Vor allem Länder mit einer schwächeren Wirtschaft meinen oft: Wir können uns keinen starken Sozialstaat leisten. Das kostet zu viel Geld.

Mehr lesen zum Sozialstaat?

Warum dieses Argument nicht stimmt, steht ausführlich in Band 3 *Kurz und Klar 3 – Sozialstaat*

Obwohl die EU noch keinen europäischen Sozialstaat hat, gab es in den letzten Jahrzehnten doch einige wichtige soziale Entwicklungen.

1. **Regeln gegen Diskriminierung**
2. **Arbeitsrecht**
3. **Grundrechte**
4. **Recht auf Beschäftigung und soziale Sicherheit**
5. **Jugend, Ausbildung und Globalisierung**

1. Regeln gegen Diskriminierung
Männer und Frauen haben die gleichen Rechte, auch am Arbeitsplatz. Dafür stellte die EU schon in den 1970er Jahren Regeln auf.
Zum Beispiel: *Alle Menschen in Europa haben ein Recht auf gleiche Behandlung bei ihrer Arbeit.*

2. Arbeitsrecht
Jeder, der arbeitet, hat bestimmte Rechte und Pflichten. Die EU hat Regeln entwickelt, damit jeder, der in einem Mitgliedstaat arbeitet, ein Minimum an Rechten hat.
Zum Beispiel: *Wie lange darf jemand maximal pro Woche arbeiten? Wie lange darf eine Frau in Mutterschutz gehen? Wie lange dürfen junge Eltern Elternzeit nehmen? Wann und wie darf ein Arbeitgeber jemanden kündigen?*

3. Grundrechte
Alle Mitgliedstaaten (außer Großbritannien) haben ein Dokument mit Grundrechten für alle Bürger der EU unterschrieben. Diese "Grundrechtecharta" hat Kapitel zu verschiedenen Menschenrechten. Darin sind Grundrechte wie zum Beispiel Würde, Freiheit und Gleichheit festgelegt. Die Charta ist noch nicht das Gleiche wie eine Verfassung, aber ein Anfang.

4. Arbeit und Soziale Sicherheit

In den 1990er Jahren waren viele Menschen in der EU arbeitslos. Die Mitgliedstaaten stellten fest, dass jeder Mensch das Recht auf Arbeit oder Sozialhilfe hat. Jedes Land versucht auf seine eigene Weise, die Arbeitslosigkeit zu senken. Die Länder vergleichen ihre Ergebnisse und versuchen, voneinander zu lernen.

5. Jugend, Ausbildung und Globalisierung

Für einige Bereiche der Sozialpolitik gibt die EU regelmäßig Geld aus. Es gibt verschiedene Fonds, die soziale Projekte unterstützen. Zum Beispiel Projekte, die Jugendlichen helfen, eine Arbeit zu finden. Oder Programme mit Ausbildungen und Weiterbildungen für erwachsene Arbeitslose. Seit ein paar Jahren gibt die EU auch Geld für Projekte, die negative Folgen der Globalisierung kompensieren.

Was kann man aus Sicht der Sozialen Demokratie im sozialen Bereich in Europa noch tun?

In Kapitel 2 haben wir gesehen, **welche Ziele** die Soziale Demokratie für **Sozialen Ausgleich in Europa** hat. Zusammengefasst geht es um Folgendes:
Sozialer Ausgleich soll in allen Mitgliedstaaten gleichermaßen wichtig sein. Europa soll eine Sozialunion bekommen.

Die Europäische Union wie sie heute ist, erfüllt diese Ziele nur zum Teil.

Reformvorschläge

Europa braucht eine Sozialunion. Damit ist gemeint:
eine gemeinsame Sozialpolitik, die den Bürgern in allen
Mitgliedstaaten gleiche Rechte und faire Chancen bietet.

Dafür hat die Soziale Demokratie zwei konkrete Reformideen:
1. **Die Klausel für Sozialen Fortschritt**
2. **Den Sozialen Stabilitätspakt**

1. Die Klausel für Sozialen Fortschritt

Die Urteile des Europäischen Gerichtshofs
haben Folgen für das Zusammenleben der
Menschen in der ganzen EU. Doch einige Urteile des Gerichtshofs
haben eher die Wirtschaft als den Sozialen Ausgleich gestärkt.
Das liegt daran, dass in den bestehenden EU-Verträgen viel über
Wirtschaft und wenig über Soziales steht. Das soll sich ändern –
und zwar durch einen neuen Sozialen Vertrag, den alle
Mitgliedstaaten unterschreiben.

 In dieser *Klausel für Sozialen Fortschritt* soll stehen, welche
sozialen Grundrechte alle Menschen in der EU haben. Die
Klausel soll einen offiziellen Rang haben, also mehr Bedeutung
haben als die bestehende *Grundrechtecharta* (Siehe Seite 87).
Wenn ein nationaler Richter oder der Europäische Gerichtshof
über Wirtschaft und Soziales entscheidet, ist das Soziale dann
mindestens genauso wichtig wie die Wirtschaft..

Was kann so eine Klausel für die Soziale Gerechtigkeit in Europa bedeuten?

- Die Klausel zwingt alle Mitgliedstaaten, gleiche Rechte und faire Chancen für ihre Bürger zu garantieren. Manche Staaten müssen ihre Sozialpolitik besser und gerechter gestalten.
- Die Klausel zeigt, dass die EU soziale Grundrechte ernst nimmt. Genau so ernst wie die Wirtschaftspolitik.
- Die Klausel garantiert, dass die EU auf europäischer Ebene mehr für Soziale Gerechtigkeit machen kann. Zum Beispiel mit Geld für Gesundheitsprojekte oder bessere Bildung.

2. Der Soziale Stabilitätspakt

Alle Mitgliedstaaten sollen einen Stabilitätspakt für Sozialpolitik unterschreiben. Darin legen die Staaten fest, was sie ihren Bürgern an Sozialer Gerechtigkeit garantieren. Wie die einzelnen Staaten ihre Sozialpolitik genau gestalten, das darf jeder für sich entscheiden.

Der Soziale Stabilitätspakt soll drei Teile haben:

- Alle Mitgliedstaaten führen einen Mindestlohn ein.
- Jedes Land legt ein Minimum für seine Sozialausgaben fest. Wie viel Geld das ist, hängt vom Durchschnittseinkommen der Bürger im jeweiligen Land ab.
- Die EU-Länder reservieren pro Jahr einen bestimmten Betrag für Bildung. Wie viel das ist, hängt davon ab, wieviel ein Land pro Jahr erwirtschaftet.

Was kann ein Sozialer Stabilitätspakt für die Bürger der EU bedeuten?

- Der Pakt sorgt dafür, dass sozialer Ausgleich in der EU genauso wichtig wird wie Wirtschaftswachstum.
- Alle Länder garantieren ihren Einwohnern in Zukunft vergleichbare Sozialleistungen. Das macht das Leben in allen Ländern der EU besser.
- Die Mitgliedstaaten zahlen nach wie vor die Sozialleistungen für ihre eigenen Bürger und für Menschen aus anderen EU-Ländern, die dort leben und arbeiten.

Zusammengefasst bedeutet das: Durch den Sozialen Stabilitätspakt werden die Sozialleistungen in schwächeren Wirtschaften besser, in stärkeren Wirtschaften werden die Sozialleistungen nicht schlechter. So können alle Bürger der EU Vorteile davon haben.

Wie stehen die Chancen für diese Reformideen?

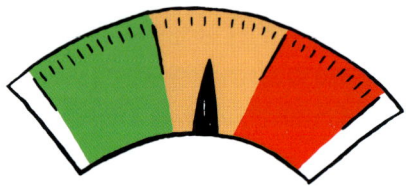

Einerseits ist es nicht schwer und es kostet nicht viel Zeit, diese Ideen auszuführen. Wenn alle sich einig werden, kann es schnell eine richtige europäische Sozialpolitik geben.

Andererseits: Nicht alle Mitgliedstaaten wollen eine gemeinsame Sozialpolitik. Gerade die Länder mit schwächeren Wirtschaften möchten nicht mehr Geld für Sozialleistungen, Gesundheit, Bildung und Kultur ausgeben. Sie haben Angst, dass ihre Wirtschaft darunter leiden wird. Die Länder mit stärkeren Wirtschaften können sich dagegen nicht durchsetzen. Wenn die EU-Länder keinen Kompromiss finden, bleibt erst mal alles so wie es ist.

5.4
NACHHALTIGKEIT

Die aktuelle Situation

Dass unsere Umwelt wichtig ist, hat Europa schon seit den 1970er Jahren erkannt. Die Mitgliedstaaten formulierten Richtlinien und Regeln, zum Beispiel gegen Luftverschmutzung und für Vogelschutz. Europa stellte Grenzwerte für Abgase und gefährliche Stoffe auf. Außerdem hat die EU zehntausende Naturschutzgebiete anerkannt.

Die Mitgliedstaaten verfolgen mit ihrer Umweltpolitik mehrere Ziele. Sie wollen
- die Umwelt schützen und erhalten,
- die Gesundheit der Menschen schützen und verbessern,
- bewusster mit Rohstoffen umgehen,
- besser zusammenarbeiten, um regionale und weltweite Umweltprobleme zu lösen.

Inzwischen hat die EU für viele Bereiche im Umweltschutz Regeln aufgestellt. Die Mitgliedstaaten müssen die europäischen Regeln in nationale Gesetze umsetzen und sich daran halten. Sonst müssen sie zum Beispiel eine Strafe zahlen.

Die Umweltpolitik der EU hat im Moment zwei wichtige Themen: Maßnahmen gegen den Klimawandel und das Fördern von nachhaltiger Entwicklung.

Klimawandel

Wegen der vielen Abgase in der Luft wärmt sich die Erde langsam aber sicher auf. Orkane und Erdbeben kommen öfter vor als früher. Dabei kommen viele Menschen zu Schaden. Die Reparatur der Schäden und der Schutz vor neuen Katastrophen kostet viel Geld.

Wer bezahlt die Folgen des Klimawandels?
Vor 2005 haben die Staaten, also alle Steuerzahler gemeinsam, die Kosten für Umweltverschmutzung bezahlt. Doch die EU beschloss, dass die Mitgliedstaaten nicht alleine die Kosten für den Klimawandel zahlen sollen. Es ist viel besser, wenn die Verursacher des Klimawandels die Verantwortung mit tragen. Die Verursacher, das sind große Unternehmen, die viel Energie verbrauchen. Dabei stoßen sie oft viele Schadstoffe aus und schaden der Umwelt. Die Idee ist einfach: *Wer mehr verbraucht, verursacht mehr Schaden und muss mehr bezahlen.*

Dafür hat die EU ein System entwickelt, das *Emissionshandel* heißt. Große Unternehmen aus der Industrie, der Stromerzeugung und der Luftfahrt müssen eine Erlaubnis kaufen für die Schadstoffe, die sie in die Umwelt bringen.

Das System funktioniert, aber es ist kompliziert. Und es ist nicht komplett. Denn manche Unternehmen müssen zahlen und andere nicht. Der Emissionshandel gilt zum Beispiel nicht für Unternehmen aus den Bereichen Verkehr und Landwirtschaft. Große Betriebe müssen zahlen, aber kleinere Betriebe, die manchmal auch viele Schadstoffe verursachen, müssen nicht zahlen.

Die Ziele der EU sind klar. Und beim Thema Nachhaltigkeit hat die EU mehr erreicht als andere Teile der Welt. Trotzdem gibt es die folgenden Probleme:

- Die Natur hält sich nicht an Landesgrenzen. Viele Umweltprobleme sind international. Wenn die Ursache – zum Beispiel Giftstoffe aus einer Fabrik – und die Folgen – zum Beispiel tote Fische im Fluss – nicht den gleichen Ort betreffen, ist es schwieriger, gute Lösungen zu verhandeln.
- Die EU ist nicht alleine auf der Welt. Natürlich kann Europa sagen: Wir wollen unsere Umwelt schützen. Aber wenn andere Länder, wie China oder die USA, nicht mitmachen, kann Europa nicht alles erreichen, was es will.
- Die Nachhaltigkeitsziele der EU sind vor allem Pläne. Lange nicht alles wird auch tatsächlich ausgeführt. Nicht alle Mitgliedstaaten wollen sich stark dafür einsetzen. Vor allem, weil Nachhaltigkeit Geld kostet.

In Kapitel 2 haben wir gesehen, **welche Ziele** die Soziale Demokratie **für Nachhaltigkeit in Europa** hat. Zusammengefasst geht es um Folgendes:
- Die EU soll unsere Natur und Umwelt in allen Mitgliedstaaten schützen.
- Nachhaltigkeit soll in allen Bereichen der europäischen Politik ein entscheidender Faktor sein.
- Das Vorsorgen für morgen hat drei gleich wichtige Bestandteile: unsere Umwelt, unsere Wirtschaft und unser Zusammenleben.

Die Europäische Union, wie sie heute ist, erfüllt diese Ziele nur zum Teil.

Was die Soziale Demokratie ändern möchte

Die Soziale Demokratie möchte eine nachhaltige Welt. Bei allen europäischen Entscheidungen sollten die Umwelt und unser Zusammenleben genauso wichtig sein wie die Wirtschaft.

Reformvorschläge

Die Verursacher des Klimawandels sollen die Kosten des Klimawandels mitzahlen, zumindest einen Teil. Das sagen die allermeisten Menschen in der EU. Aber in der Praxis beteiligen sich nicht alle großen Unternehmen, die die meisten Schadstoffe produzieren, an den Kosten.

 Statt Emissionshandel für wenige Sektoren brauchen wir ein Zahlungssystem für alle Umweltverschmutzer. Für Unternehmen in allen Branchen, egal ob sie groß oder klein sind. Aber auch für Staaten und Kontinente. Und für Verbraucher. Die Idee ist einfach: *Wer Schadstoffe verursacht, muss bezahlen.*

Deswegen setzt sich die Soziale Demokratie für eine Schadstoffsteuer für alle ein: die **CO2-Steuer**.

CO2-Steuer
CO2 ist der chemische Name für Kohlendioxid. Wir nennen es auch Treibgas. Dieser Schadstoff kommt bei der Verbrennung von fossilen Rohstoffen (wie Öl, Benzin und Kohle) frei. CO2 ist sehr schlecht für die Umwelt. Wer viele fossile Rohstoffe verbraucht, bringt viel CO2 in die Umwelt. Das bedeutet: Je mehr jemand die Umwelt verschmutzt, desto mehr CO2-Steuer soll er zahlen.

Eine CO2-Steuer kann einen Teil der Kosten für den Klimawandel tragen. Die Steuer kann auch helfen, die Kosten gerechter zu verteilen. Die Steuer gilt nämlich für alle: für Staaten, Unternehmen und Verbraucher.

- Staaten, die viele fossile Rohstoffe verwenden, müssen mehr zahlen. Industrieländer in Europa und Amerika verursachen die meisten Umweltschäden. Aber die Entwicklungsländer in Afrika müssen die schlimmsten Umweltfolgen tragen. Mit der CO2-Steuer übernehmen reiche Länder Verantwortung. Sie können den armen Ländern helfen, die Folgen des Klimawandels besser zu überwinden.

- Länder, die sich schneller auf erneuerbare Energie umstellen, zahlen weniger CO2-Steuer.

- Verbraucher: Menschen mit hohen Einkommen verbrauchen oft mehr Energie als Menschen mit niedrigen Einkommen. Fernreisen mit dem Flugzeug, Autos mit hohem Spritverbrauch und Luxus-Zweitwohnungen verbrauchen mehr Energie als Ferien auf dem Campingplatz und eine kleine Zweizimmerwohnung. Der Staat kann Menschen helfen, bewusster mit Energie umzugehen. Zum Beispiel mit Tipps zum Energiesparen und mit finanzieller Unterstützung für Menschen, die auf erneuerbare Energie umsteigen wollen.

Wie stehen die Chancen für diese Reformideen?

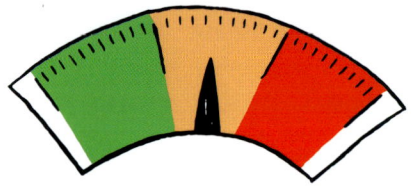

Die Europäische Kommission versucht seit 2011, eine CO2-Steuer für die ganze EU einzuführen. Aber der Ministerrat kann sich nicht einigen. Einige Mitgliedstaaten sind gegen diese Steuer. Wenn die 28 Mitgliedstaaten nicht das Gleiche wollen, wird die Steuer nicht eingeführt.

5.5
FRIEDEN

Die Situation jetzt

In den 1950er Jahren begann die europäische Zusammenarbeit mit einem klaren Ziel: kein neuer Krieg zwischen den Mitgliedsländern. Dieses Ziel wurde erreicht. Und inzwischen haben sich immer mehr Länder angeschlossen. In Europa herrscht Frieden. 28 Länder sind wirtschaftlich und politisch eng miteinander verbunden.

Das bedeutet nicht, dass sich die 28 Länder immer einig sind. Das sind sie überhaupt nicht. Aber in der EU suchen sie gemeinsam nach friedlichen Lösungen. Die Beziehungen zwischen den EU-Ländern sind also überwiegend gut.

Doch wie steht es mit den Beziehungen der EU nach außen? Wollen die Mitgliedstaaten eine gemeinsame Außenpolitik führen? Außen- und Sicherheitspolitik war immer eine nationale Sache. Wollen die Mitgliedstaaten ihre nationale Verantwortung und Entscheidungskraft aufgeben und darüber gemeinsam in Europa entscheiden? Die Antwort lautet: nicht immer und nicht in allem.

National - Intergouvernemental - Supranational

Die Mitgliedstaaten treffen viele politische Entscheidungen **national**. Das bedeutet: Die Entscheidungen betreffen ein einzelnes Land. Dieses Land trägt die Verantwortung.

Manche Regelungen und Entscheidungen sind **intergouvernemental**. Das sind Abkommen zwischen zwei oder mehr einzelnen Ländern. Dafür müssen nationale Regierungen mit einander verhandeln und zusammenarbeiten.

Die Entscheidungen auf EU-Ebene sind **supranational**. Die EU steht über den nationalen Regierungen. Die Mitgliedstaaten geben einen Teil ihrer Macht und Eigenverantwortung ab an die EU-Institutionen. Die EU trifft Entscheidungen, die in allen Mitgliedstaaten auf nationaler Ebene gelten.

In den Bereichen Handel und Wirtschaft haben die Mitgliedstaaten nichts dagegen, ihre Eigenverantwortung an die EU abzugeben. In den Bereichen Außenpolitik und Militär haben viele Mitgliedstaaten Zweifel.

Die 28 Mitgliedsländer haben eine unterschiedliche Geschichte und Tradition. Sie haben auch unterschiedliche Interessen und Verpflichtungen. Deswegen denken sie sehr verschieden über Beziehungen zu anderen Ländern. Das hat Folgen für die Zusammenarbeit der EU mit zum Beispiel den Vereinigten Staaten, Russland, China oder Ländern in Afrika.

Die EU-Länder können sich oft nicht auf eine gemeinsame Position einigen. Das zeigt sich vor allem bei internationalen Krisen.

In den 1990er Jahren gab es verschiedene Kriege auf dem Balkan. Die EU konnte sich nicht entscheiden, ob sie militärisch eingreifen wollte.

2003 marschierten die Vereinigten Staaten von Amerika im Irak ein, 2011 griffen sie im Bürgerkrieg in Libyen ein. Manche EU-Länder wollten Amerika dabei unterstützen. Andere Länder waren strikt dagegen. Die EU konnte keinen gemeinsamen Standpunkt finden.

Trotz dieser Zweifel an einer gemeinsamen Außenpolitik wissen die Mitgliedstaaten, dass die EU einen großen Mehrwert hat.

- Wenn die EU in ihrer Außenpolitik gemeinsam handelt, hat sie in der Weltpolitik einen viel größeren Einfluss.
- Wenn die Länder ihre Armeen zusammenfügen, können Sie viel Geld sparen.

Deswegen versuchen die Mitgliedstaaten immer wieder, eine gemeinsame Außenpolitik zu führen. Seit 1999 arbeiten zum Beispiel verschiedene europäische Armeen bei Rettungseinsätzen und internationalen Krisen zusammen.

Und seit 2009 hat die EU eine *Hohe Vertreterin für Außenpolitik*. Das ist eine Kommissarin der Europäischen Kommission. Wenn die Mitgliedsländer sich auf einen internationalen Standpunkt einigen können, ist die Hohe Vertreterin "das EU-Gesicht" dieser gemeinsamen Politik.

In Kapitel 2 haben wir gesehen, **welche Ziele** die Soziale Demokratie **für Frieden in Europa** hat. Zusammengefasst geht es um Folgendes:
- Frieden ist ein Grundrecht für alle Menschen.
- Europa soll friedlich sein und friedlich handeln: für alle Bürger, in allen Ländern, nach innen und nach außen.

Reformvorschläge

Eine gemeinsame Außenpolitik der EU ist kein Ziel an sich. Dahinter stecken zwei wichtige Gedanken:

- Die EU will sich weltweit für Frieden und soziale Gerechtigkeit einsetzen. Das geht viel besser, wenn die Mitgliedstaaten mit einer gemeinsamen Stimme sprechen.

- Der Rest der Welt stellt hohe Erwartungen an die EU. Die internationale Gemeinschaft ist sich einig: Die EU soll im Ernstfall auch militärische Aufgaben übernehmen können, aber vor allem auch zivile Aufgaben ausführen.

Deswegen setzt sich die Soziale Demokratie für eine gemeinsame Europäische Armee ein. Diese EU-Armee nimmt die nationalen Armeen zum Teil in sich auf. Die Mitgliedstaaten kaufen gemeinsam die Waffen und Verteidigungssysteme für die Armee. Die Armee hat ein gemeinsames Hauptquartier, wo die Soldaten für militärische Aktionen und für Friedensarbeit trainieren. Und die EU bekommt ein eigenes Verteidigungsministerium, das die gemeinsamen Entscheidungen trifft.

Mit einer gemeinsamen Armee kann jedes Land viel Geld sparen. Und Europa wird weiter zusammenwachsen. Doch dieser Schritt funktioniert nur, wenn die Bürger und Staaten in Europa es wirklich wollen.

Wie stehen die Chancen für diese Reformidee?

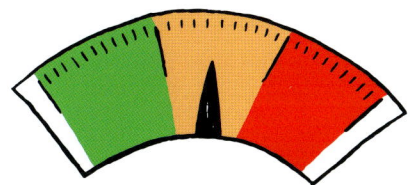

Im Moment haben die kleineren Länder mehr Interesse an einer EU-Armee als die größeren. Die Kleinen sehen als Vorteil: mehr Sicherheit für weniger Geld. Die Großen sehen als Nachteil: viel länger verhandeln, weniger Kontrolle über die eigenen Truppen.

Trotz dieser Zweifel arbeiten die europäischen Armeen gerne und immer öfter zusammen. Die einzelnen Länder sprechen untereinander ab, was sie an gemeinsamen Missionen beitragen. So gab es in den letzten Jahren schon 30 erfolgreiche Zusammenarbeiten. Wahrscheinlich ist das weitere Zusammenwachsen eine Frage der Zeit.

6

PARTEIEN UND EUROPAPOLITIK

Kapitel 6 dreht sich um die **Europapolitik der verschiedenen politischen Parteien**. Hier vergleichen wir die europäischen Ziele der Sozialen Demokratie mit den Programmen von sechs Parteien. Was wollen die Politiker von SPD, CDU, FDP, den Grünen, der Linken und der AfD?

Alle sechs Parteien haben bestimmte Vorstellungen von guter Europapolitik.

Doch alle sechs haben sie
- verschiedene Ausgangspunkte,
- verschiedene Ziele und
- verschiedene Wege zum Ziel.

Erst schauen wir uns an, was die Parteien zu Europapolitik schreiben.
Zum Teil stehen diese Standpunkte in den Grundsatzprogrammen der Parteien.
Zum Teil stehen die Standpunkte in ihren Programmen zur Europawahl.
Dann versuchen wir das einzuordnen.

Beim Vergleich der Europapolitik konzentrieren wir uns wieder auf die fünf Prinzipien. Die kennen Sie schon aus Kapitel 2 und 5.

Demokratie

Sozialer Ausgleich

Wohlstand

Nachhaltigkeit

Frieden

6.1
SPD

Das Parteiprogramm der SPD
stammt aus dem Jahr 2007.
Es heißt *Hamburger Programm*.
Die SPD hat ein positives Bild von Europa.
Sie beschreibt die EU als ein *„Friedensprojekt"*
und als *„demokratische und soziale* **Wertegemeinschaft***"*.

Wertegemeinschaft
Eine Gemeinschaft, in der die Mitglieder
die gleichen Dinge wichtig finden.

Ziel
Die SPD möchte Europapolitik nutzen, um das Leben aller Einwohner zu verbessern.

So steht es im Grundsatzprogramm der SPD:
„Das soziale Europa muss unsere Antwort auf die Globalisierung werden."

Was will die SPD an Europa verändern?

Demokratie
Die SPD möchte das Europäische Parlament stärker machen. Die Abgeordneten sollen Gesetze vorschlagen können, genau wie die Europäische Kommission.
Und das Parlament soll den Kommissionspräsidenten wählen. Die SPD möchte außerdem die Sozialdemokratische Partei Europas weiter entwickeln.

Sozialer Ausgleich
Die SPD möchte, dass Europa in Zukunft nicht nur eine Wirtschaftsunion und eine Währungsunion hat. Sie will auch eine Sozialunion, die gleich wichtig ist.

Vorschläge für diese Sozialunion:
- Bürger sollen überall in Europa das Recht auf gute öffentliche Dienstleistungen haben.
- Arbeitnehmer dürfen überall in Europa mitbestimmen.
- Arbeitnehmer und Unternehmen dürfen überall in Europa frei über Tarifverträge verhandeln.
- Alle Mitgliedstaaten halten sich an den europäischen **Sozialen Stabilitätspakt**.

Sozialer Stabilitätspakt
> Europäische Sozialpolitik, die für alle EU-Bürger gilt. Dazu gehören: Mindestlöhne, feste Absprachen über die Sozialausgaben, Abkommen über das Geld für Bildung. (Siehe Kapitel 5)

Wohlstand
Die SPD glaubt, dass Zusammenarbeit und Handel auf dem europäischen Binnenmarkt entscheidend für den Wohlstand in Europa sind.

Die SPD möchte, dass die EU eine soziale Wirtschaftspolitik führt. Das bedeutet: Wirtschaftswachstum ist gut, aber immer in Kombination mit sozialem Ausgleich und Nachhaltigkeit.

Die SPD möchte, dass die EU auf Dauer eigene Europasteuern einnimmt. So ist für alle deutlicher, für welche Bereiche die EU finanziell verantwortlich ist.

Nachhaltigkeit

Die SPD findet, dass Europa als Gemeinschaft die Umwelt schützen soll. Vor allem, wenn ein Umweltschaden nicht ein, sondern mehrere Länder trifft.
Ein Beispiel: *Ein langer Fluss wie der Rhein fließt quer durch Europa. Ein Land alleine kann ihn nicht sauber halten.*

Die SPD will europaweite Gesetze, die die Umwelt vor Umweltverschmutzung schützen. Manche Mitgliedstaaten versuchen, ihrer eigenen Wirtschaft Vorteile zu verschaffen. Sie erlassen schwache Umweltregelungen und kontrollieren diese schlecht. EU-Gesetze, die für alle gelten, sollen das verhindern.

So steht es im Grundsatzprogramm der SPD:
„Wo der Nationalstaat den Märkten keinen sozialen und ökologischen Rahmen mehr setzt, muss dies die Europäische Union tun."

Vorschläge der SPD:
- Europa soll aus der Kernenergie aussteigen und mehr auf erneuerbare Energie setzen.
- Europa soll eine gemeinsame Energie-Außenpolitik entwickeln.

Frieden

Die SPD sieht Europa als Friedensmacht. Die EU soll auch weiter auf Diplomatie und Dialog setzen und helfen, Menschenrechte überall auf der Welt zu stärken.
Eine gemeinsame Armee soll Geld sparen und Europa weiter zusammenbinden.

Vorschläge der SPD:
- Die europäischen Armeen sollen mehr zusammenarbeiten.
- Langfristig soll es eine europäische Armee geben.

6.2
CDU

Das Grundsatzprogramm der CDU stammt aus dem Jahr 2007. Es heißt: *Sicherheit und Freiheit. Grundsätze für Deutschland.*

Die CDU hat ein positives Bild von Europa. Sie beschreibt die EU als „*größte politische Erfolgsgeschichte unseres Kontinents*". Die CDU sieht sich selbst als „*die deutsche Europapartei*".

Was will die CDU an Europa verändern?

Demokratie

Die CDU möchte das Europaparlament stärken. Die Kommission und das Parlament sollen bei Gesetzgebung die gleichen Rechte haben.
Die CDU möchte, dass sich europäische Wahlen mehr um Personen drehen. Das soll die die Bindung zwischen Wählern und Gewählten stärken.

Sozialer Ausgleich

Die CDU glaubt an die **soziale Marktwirtschaft**. Sie möchte die soziale Marktwirtschaft in ganz Europa einführen. Dabei soll auch ein Mindeststandard an sozialer Sicherheit garantiert sein.

Soziale Marktwirtschaft

ist die deutsche Mischung aus liberaler und sozialer Wirtschaftspolitik. Unternehmen können frei mit einander konkurrieren. Löhne werden zwischen Arbeitgebern und Arbeitnehmern verhandelt. Arbeitnehmer sind gegen die großen Risiken im Leben, wie Krankheit und Arbeitslosigkeit, geschützt. Es gibt einen Mindestlohn.

Wohlstand

Die CDU möchte den Binnenmarkt weiter ausdehnen, dabei soll es nicht zu viele Regeln geben. Die Partei glaubt, dass Europa sehr gut für die deutsche Wirtschaft ist, denn „Europa macht uns stark im internationalen Wettbewerb".

Die CDU möchte nicht, dass alle Unternehmen in der EU die gleichen Steuern zahlen. Die Partei ist auch dagegen, dass die EU eigene Steuern einnimmt.

Nachhaltigkeit

Die CDU möchte, dass die soziale Marktwirtschaft auch einen Mindeststandard für Umweltpolitik festlegt. Die Partei glaubt, dass Umweltfragen besser in Europa als in den einzelnen Mitgliedstaaten geregelt werden. Wichtig ist der CDU vor allem die Energiepolitik.

Frieden

Die CDU möchte die Außen- und Sicherheitspolitik der EU stärken. Auch Energie, Rohstoffe und Entwicklungszusammenarbeit gehören für sie zur Sicherheitspolitik. Die CDU möchte eine gemeinsame europäische Armee.

6.3

BÜNDNIS 90/DIE GRÜNEN

Das Grundsatzprogramm der Grünen stammt aus dem Jahre 2002. Es heißt *Die Zukunft ist grün*. Auch die Grünen haben ein positives Bild von Europa.

Ziel

Die Grünen wollen, dass Europa demokratisch, nachhaltig und solidarisch ist. Sowohl innerhalb der Mitgliedstaaten als auch in der gemeinsamen Politik nach außen.

Was will Bündnis 90/die Grünen an Europa verändern?

Demokratie

Die Grünen möchten, dass Europa eine eigene Verfassung bekommt. Der Präsident der Kommission soll direkt oder durch das Europaparlament gewählt werden. Und das Parlament soll mehr Rechte bekommen, zum Beispiel in der Gesetzgebung.

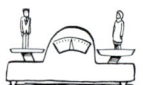

Sozialer Ausgleich

Die Grünen sagen: „Sozialpolitik und Umweltpolitik sind genauso wichtig wie Wirtschaftspolitik."

Die Grünen möchten, dass die sozialen Rechte aller EU-Bürger festgelegt werden. Sie sind für einen europäischen Mindestlohn und für eine europäische Arbeitslosenversicherung.

Wohlstand
Für die Grünen ist wirtschaftliche Zusammenarbeit der Weg zu Wachstum. Sie wollen, dass die Wirtschaften der EU-Länder weiter miteinander verschmelzen. Und sie möchten eine EU-Umsatzsteuer einführen. Die Einnahmen aus dieser Steuer sind nicht für die einzelnen Mitgliedstaaten gedacht. Sie sollen direkt ins EU-Budget fließen.

Nachhaltigkeit
Umweltschutz ist für die Grünen natürlich das wichtigste Thema. Europa soll gemeinsame Regeln aufstellen – für den Klimaschutz, das Schonen von Energiequellen und für Produkte, die die Umwelt schonen.
Die Umwelt ist für die Grünen sozusagen der Ausgangspunkt für alle anderen Ziele der Politik.

Frieden
Europa leistet in den Augen der Grünen einen wichtigen Beitrag zum Weltfrieden. Ihr Vorschlag zur europäischen Friedenspolitik:
- Abbau von nationalen Armeen und Waffenbeständen
- Zusammenarbeit von nationalen Armeen unter europäischem Kommando oder im Auftrag der Vereinten Nationen
- Aufbau eines europäischen Friedensdienstes. Das wäre keine neue Armee, sondern ein Dienst, der versucht, ohne Waffen Frieden zu schaffen. Zum Beispiel durch Vermittlung.

6.4

FDP

Das Grundsatzprogramm der FDP stammt aus dem Jahre 2012. Es heißt *Die Karlsruher Freiheitsthesen*.

Die FDP hat ein besonders positives Bild von Europa. Sie meint: *„Europa bestimmt unsere Kultur. Europa garantiert unsere Freiheit. Und Europa sorgt dafür, dass wir im internationalen Handel mithalten können."*

Ziel
Für die FDP ist das Ziel klar: Sie möchte, dass die Europäische Union ein richtiger europäischer Bundesstaat wird.

Was will die FDP an Europa verändern?

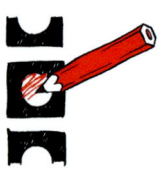

Demokratie
Die FDP möchte, dass Europa eine eigene Verfassung bekommt. Sie möchte, dass das Europaparlament und die Parlamente der Mitgliedstaaten stärker werden. Und sie setzt sich dafür ein, dass die Europawahl in allen Ländern gleich funktioniert.

Sozialer Ausgleich
Für die FDP ist Sozialpolitik kein wichtiges europäisches Thema. Die Mitgliedstaaten sollen selbst entscheiden, was sie wollen.

Rechte von Arbeitern oder Mitbestimmung spielen für die FDP-Europapolitik auch keine Rolle.

Wohlstand

Die FDP möchte, dass der europäische Binnenmarkt vollkommen zusammenwächst. Dafür sollen die Länder auf den Gebieten Wirtschaft, Umweltpolitik, Finanzen und Währung eng zusammenarbeiten. Die FDP möchte keine EU-Steuer einführen.

Nachhaltigkeit

Die FDP ist stolz auf die strengen Umweltstandards der EU. Sie setzt sich aber gleichzeitig für weniger Regeln und Kontrollen ein.

Zu Nachhaltigkeit schreibt die Partei: *„Die FDP will mehr Markt und Eigenverantwortung"*. Das bedeutet: Unternehmen sollen frei handeln können und weniger kontrolliert werden.

Frieden

Die FDP möchte, dass die Mitgliedstaaten ihre Sicherheit und Verteidigung gemeinsam regeln. Die EU soll nach außen „konsequent mit einer Stimme sprechen" und auf Dauer soll es eine gemeinsame europäische Armee geben.

Die FDP sagt: Die EU bleibt offen für neue Beitritte. Dafür gibt es zwei Bedingungen. Das Beitrittsland muss alle Regeln und Voraussetzungen erfüllen. Und die EU muss *„aufnahmefähig"* sein.

6.5
DIE LINKE

Das Grundsatzprogramm der Linken stammt aus dem Jahre 2012. Es wurde in Erfurt beschlossen.

Die Linke sieht die EU sehr kritisch. Die Partei hält Europa zwar für unverzichtbar. Aber die EU ist für die Linke auch eine Gefahr: sie nennt Europa *„den Motor der neoliberalen Umgestaltung"*.

Ziel
Das Ziel der Linken für Europa ist ein Neustart der EU. Die Partei möchte, dass die EU sich von allem verabschiedet, was militaristisch, undemokratisch oder neoliberal ist.

Was will Die Linke an Europa verändern?

Demokratie
Die Linke will, dass EU-Bürger mitentscheiden können, was in der EU beschlossen wird. Dafür will die Partei verpflichtende Volksentscheidungen einführen, zum Beispiel über neue Verträge. Die Linke möchte auch, dass das Europaparlament mehr Macht bekommt. Außerdem sollen alle Entscheidungen der EU **transparent** sein.

Transparent
klar und deutlich, konsequent und verständlich für alle

Sozialer Ausgleich
Wie die SPD findet die Linke, dass die sozialen Rechte von Arbeitnehmern genauso wichtig sein sollen wie die Rechte von Unternehmen.
Die EU soll diese Rechte garantieren.

Wohlstand
Die Linke will, dass alle Unternehmen in der EU eine Gewinnsteuer zahlen. Die EU soll dafür einen Mindestsatz festlegen.

Die Linke möchte, dass die EU in Zukunft nicht mehr kapitalistisch ist. Aber wie das funktionieren soll, erklärt sie nicht.

Nachhaltigkeit
Die Linke möchte, dass die EU eine neue Energiepolitik entwickelt. Erneuerbare Energie ist das Ziel. Im Klimaschutz soll es viel strengere Regeln geben. Die EU soll kontrollieren, dass Unternehmen sich daran halten.

Frieden
Die Linke sieht die heutige EU-Außenpolitik sehr kritisch. Die Partei möchte eine friedliche Europäische Union. Das bedeutet: keine Militäreinsätze, auch nicht im Namen der Vereinten Nationen. Und keine Massenvernichtungswaffen.

6.6

AfD

Die „Alternative für Deutschland", abgekürzt AfD, gibt es noch nicht so lange. Diese Partei sagt: „*Alle Parteien in Deutschland machen ungefähr dieselbe Politik.*" Die AfD sagt, sie macht eine andere Politik. Daher nennt sie sich *Alternative*. Aber was ist das für eine Alternative?

Die AfD ist eine **rechtspopulistische Partei**.

Rechtspopulistische Parteien machen wenig Vorschläge, wie ein Problem gelöst werden kann. Sie reden vor allem darüber, wer aus ihrer Sicht Schuld ist. Schuld sind meistens „die da oben" oder wer aus Sicht der Rechtspopulisten „anders" ist.

„Anders" sind für Rechtspopulisten zum Beispiel Menschen mit einer dunklen Hautfarbe oder Menschen, die nicht Christen sind. Aber auch Paare ohne Kinder oder Frauen, die Frauen lieben und Männer, die Männer lieben.

Die AfD hat ihr Parteiprogramm im Jahr 2016 beschlossen. Die meisten Parteien in Deutschland wollen, dass Europa mehr zusammenwächst. Die AfD will das nicht. Sie will, dass sich Europa nur um wirtschaftliche Fragen kümmert. Um sozialen Ausgleich, Demokratie, Frieden und Nachhaltigkeit sollen sich die einzelnen Staaten alleine kümmern.

Demokratie
Die AfD sagt, Europa sei nicht demokratisch.
Sie macht aber keinen Vorschlag, wie Europa
demokratischer werden kann. Stattdessen soll wieder
jeder Staat selbst entscheiden. Die AfD sagt nicht,
wie man gute Kompromisse für Europa finden soll.

Sozialer Ausgleich
Die AfD sagt in ihrem Grundsatzprogramm
nichts zu sozialen Fragen in Europa.

Wohlstand
Die AfD findet, dass nur der wirtschaftliche
Zusammenschluss in Europa gut war. Die Verträge,
die seit 1992 gemacht wurden, findet sie schlecht.
Weitere Vorschläge macht sie nicht. Außer, dass es
möglichst mehr Freihandel geben soll.

Nachhaltigkeit
Die AfD macht keine Vorschläge, was Europa im
Umweltschutz machen sollte. Sie behauptet
stattdessen zum Beispiel, dass mehr Kohlenstoff in
den Luftschichten um unseren Planeten kein Problem
sei. Die Partei sagt, dass Klimaschutz-Organisationen
nicht mehr unterstützt werden sollen.

Frieden
Die AfD will nicht, dass Europa sich in der Außenpolitik
zusammenschließt. Es soll keine gemeinsame Armee
geben und keinen gemeinsamen diplomatischen
Dienst. Das sollen die Staaten alles alleine machen.

6.7
DIE PARTEIEN IM VERGLEICH

Jetzt legen wir die Standpunkte der sechs Parteien nebeneinander. Was fällt auf?

Vor allem dieses: Alle deutschen Parteien denken positiv über Europa, bis auf die Linke und die AfD.

Demokratie und Frieden

SPD, CDU, FDP und Grüne haben ähnliche Vorstellungen zur demokratischen Entwicklung der EU. Sie wollen mehr Macht für das Europaparlament und mehr Mitsprache für die Bürger. Außerdem möchten sie, dass Europa auch nach außen mit einer Stimme spricht.

Die Linke und die AfD haben wenige Vorschläge zur Zukunft der EU. Sie machen vor allem Vorwürfe zum aktuellen Zustand der Europäischen Union.

Sozialer Ausgleich, Wohlstand und Nachhaltigkeit

In diesem Feld gibt es zwei Lager:

Auf der rechten Seite stehen FDP, CDU und AfD. Sie wollen, dass die EU eine Wirtschaftsunion ist und bleibt. Diese Parteien glauben an die Idee der sozialen Marktwirtschaft für Europa. Sie möchten aber, dass der Markt so frei wie möglich funktioniert. Denn sie glauben, dass die EU-Wirtschaft so am schnellsten wächst.

Auf der linken Seite stehen die SPD, Bündnis 90/Die Grünen und die Linke. Sie sehen Europa als Chance für Wachstum – aber nur, wenn Umweltschutz und Sozialpolitik Hand in Hand mit diesem Wachstum gehen.

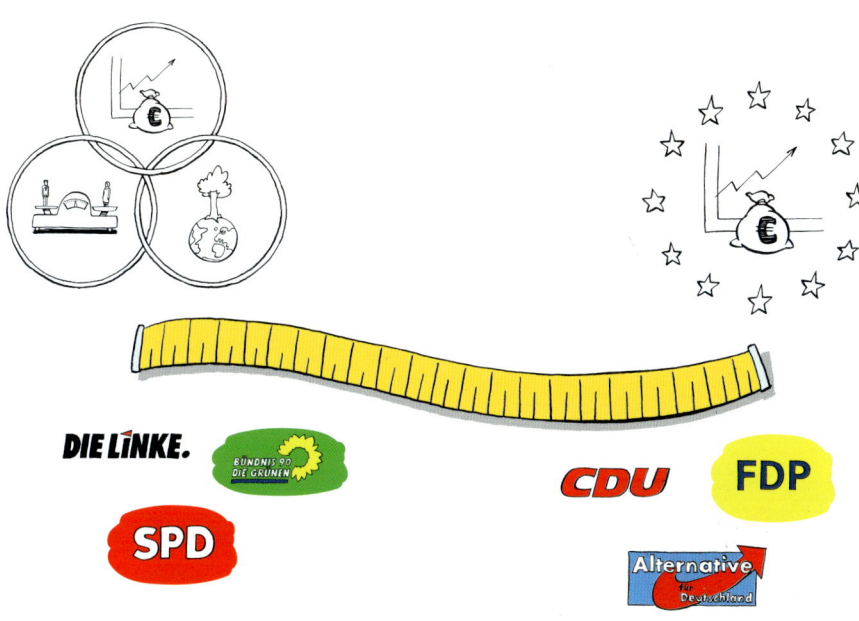

7

WEITERDENKEN

Im letzten Teil, **Kapitel 7**, möchten wir **Weiterdenken über Europa**. Was bedeutet der Brexit, also die Entscheidung, dass Großbritannien in der EU nicht mehr mitmachen will? Welche Irrtümer über Europa führen immer wieder zu Missverständnissen? Und wie könnte unsere europäische Zukunft aussehen?

7.1

WAS SAGT DER BREXIT ÜBER EUROPAS ZUKUNFT?

2016 brachte eine politische Entwicklung, die die EU so noch nicht kannte. In einer Volksabstimmung entschieden die Briten mit knapper Mehrheit, dass sie aus der EU austreten möchten. Damit verlässt zum ersten Mal ein Mitgliedstaat die Union. Wie kam es dazu? Und was bedeutet das für die Zukunft Europas?

Großbritannien wurde erst 1973 Mitglied der damaligen Europäischen Gemeinschaft. Die Briten hofften auf wirtschaftliche Vorteile – und die bekamen sie auch. Doch so sehr die britische Wirtschaft auch wuchs, Großbritannien wollte nicht am politischen und sozialen Teil der Union teilnehmen.

Sonderposition

Die Briten bekamen und behielten eine Sonderposition in Europa. Ihre eigenen Ideen über die EU machten sie immer klar:
- die EU soll sich vor allem auf Wirtschaft konzentrieren,
- je mehr Länder Mitglied der EU werden, desto besser,
- die EU soll so wenig wie möglich über die Nationalstaaten bestimmen,
- supranationale Behörden sind nicht wünschenswert.

Warum sehen die Briten die EU so kritisch? Dafür gibt es vier Gründe.

1. Großbritannien profitiert weniger von europäischen Geldern als andere Länder. Frankreich zum Beispiel erhält jedes Jahr große Beträge für die Landwirtschaft. Die Briten haben immer das Gefühl gehabt, dass sie mehr *'einzahlen'* als *'aus Europa zurückbekommen'*. Auch wenn das nicht stimmt.

2. Der gemeinsame Binnenmarkt ist für die Briten weniger ergiebig. Das hängt auch mit den natürlichen Grenzen zusammen. Vergleichen wir die Insel Großbritannien mal mit Deutschland: Wir haben neun direkte Nachbarländer, die bis auf eins alle Mitglied in der EU sind. Das macht den Export leicht. Die Briten sind auf einer Insel und müssen sich viel mehr anstrengen, ihre Produkte *'aufs Festland'* zu bringen.

3. Die Briten sehen sich nicht unbedingt als Teil von Europa. Die Briten leben, so empfinden sie selbst, in einer *'splendid isolation'*, auf deutsch *'großartige Abgeschnittenheit'*. Sie identifizieren sich gerne mit den USA. Und sie haben durch ihre Geschichte viele Kontakte zu anderen Teilen der Welt. Europa ist für viele Briten, emotional gesehen, weniger wichtig.

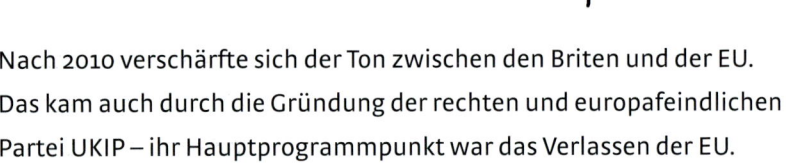

> Großbritannien funktioniert politisch einfach anders.

4. Großbritannien funktioniert politisch einfach anders.
Die Briten haben seit Jahrhunderten eine ganz andere Tradition als die europäischen Mitgliedstaaten. Großbritannien ist ein Land mit wenigen Parteien, klaren und schnellen Entscheidungen und einem zentral organisierten Staat. Die EU ist das absolute Gegenteil. Solche großen Unterschiede sind auf Dauer anstrengend.

Nach 2010 verschärfte sich der Ton zwischen den Briten und der EU. Das kam auch durch die Gründung der rechten und europafeindlichen Partei UKIP – ihr Hauptprogrammpunkt war das Verlassen der EU.

2016 fand eine Volksabstimmung über die EU statt. Der Wahlkampf konzentrierte sich vor allem auf das Thema Flüchtlinge und Einwanderung. Mit einer knappen Mehrheit wählten die Briten den Austritt aus der EU.

Ab jetzt befindet sich die EU auf Neuland. Denn Beitritte zur EU sind vorgesehen, aber mit einem Austritt hatte niemand gerechnet. 2017 sollen die Verhandlungen über den Brexit beginnen. Dann zeigt sich, wie und wie schnell Großbritannien aus den Verträgen entlassen wird – und wie die britische Wirtschaft den Austritt verkraftet.

Und nun? Ist diese Entwicklung der Anfang vom Ende des europäischen Projekts? Werden immer mehr Länder die Union verlassen? Die Antwort auf diese Fragen lautet: wahrscheinlich nicht.

Obwohl der genaue Ausgang zu diesem Zeitpunkt noch nicht klar ist, wird der Austritt der Briten die Union nicht zerstören. Vielleicht wächst die EU auf Dauer sogar enger zusammen, weil die Briten nicht mehr bei jeder Gelegenheit ihr *no* aussprechen.

Euroskeptische Länder
Auch andere Länder sind zum Teil europakritisch. Das zeigt sich in der nationalen Politik, zum Beispiel in Frankreich und in den Niederlanden. Dort wählen immer mehr Menschen anti-europäische Parteien. Und wir sehen es auch im Europäischen Parlament: Dort gibt es inzwischen eine Fraktion von europakritischen bis europafeindlichen Parteien.

Umdenken
Aber seit der Abstimmung in Großbritannien gibt es auch ein Umdenken. Die Entscheidung zum Brexit war für viele ein Schock. Viele Menschen in Europa denken seitdem mehr darüber nach, was Europa für sie persönlich bedeutet. Viele kommen jetzt zu dem Schluss: *„Europa ist wichtig. Dass mein Land Mitglied in der EU ist, ist für mein Leben ein Vorteil."*

ZEHN IRRTÜMER ÜBER EUROPA

Manche Vorurteile über die EU sind hartnäckig. Hier sind die zehn größten Irrtümer über Europa – mit praktischen Argumenten zum Gegenhalten!

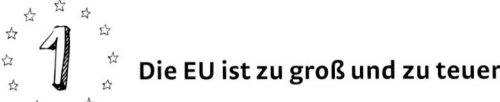 **Die EU ist zu groß und zu teuer.**

2015 hat die EU etwa 145 Milliarden Euro ausgegeben. Das klingt nach viel Geld. Es ist aber nur ein Prozent von allem, das die Mitgliedstaaten zusammen erwirtschaften.
145 Milliarden auf 508 Millionen Einwohner, das sind etwa 285 Euro pro EU-Bürger und Jahr. Die meisten Vereine sind teurer.

 **Die EU hat zu viele Beamte.**

Für die Kommission, den Ministerrat und das Parlament arbeiten etwa 33.000 Beamte. In der Stadtverwaltung von München allein arbeiten 35.000 Menschen – und München hat natürlich sehr viel weniger Einwohner als die EU.

 **Die EU leistet nichts.**

Das ist ein Vorwurf, der zeigt, wie schnell man sich an Fortschritt gewöhnt. Reisen ohne Grenzen und Reisepass. Der gemeinsame Markt. Der Euro. Freiheit für alle, die etwas tun, lassen, lernen oder anbieten wollen. Und das sind nur ein paar der Leistungen der EU.

 **Europa geht an den Bürgern vorbei.**

Ist das wirklich so? Oder ist es eher umgekehrt? Vielleicht gehen viele Bürger an Europa vorbei. Die Wahlbeteiligung von 43 Prozent bei der letzten Europawahl ist niedrig, aber nicht unbedingt die „*Schuld von Brüssel*".

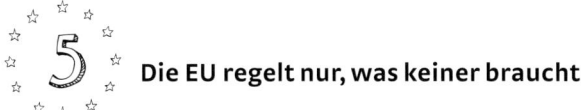 **Die EU regelt nur, was keiner braucht.**

Stimmt nicht. Die EU folgt den Wünschen der Bürger. Das Glühbirnenverbot gibt es nur, weil fast alle Umweltpolitiker es haben wollten. Und das berühmte Maß für die Krümmung der Gurke? Das gab es auf Wunsch der Gemüsebauern.

 **Die EU hat kein Gesicht und keine Stimme.**

Vielleicht sind es eher zu viele Gesichter als zu wenige! Der Ratspräsident, der Kommissionspräsident, der Parlamentsvorsitzende, die Außenbeauftragte... Aber das ist auch in Ordnung. Die EU ist vielseitig und hat viele Mitglieder – das sollte man auch an verschiedenen Stellen sehen können.

 **In Krisensituationen fällt der EU nichts ein.**

Stimmt nicht. Zum Beispiel: Als die Bürger in vielen arabischen Ländern protestierten, hatte die EU schon fertige Pläne, wie den Menschen dort zu helfen war. Doch die Mitgliedstaaten hatten eigene Ideen und wollten keine einheitliche Europapolitik.

 **Die ganze EU ist undemokratisch.**

Nein. Das Parlament ist direkt gewählt und im Ministerrat sitzen Vertreter von frei gewählten Regierungen. Diese Minister ernennen wiederum die EU-Kommissare. Das ist indirekte Demokratie, aber immer noch demokratisch.

 **Die EU ist zu langsam.**

Nein, die EU arbeitet vernünftig. Mit 28 Partnern zu verhandeln und Kompromisse auszuarbeiten, kostet natürlich Zeit. Und weil neue Gesetze oft große Folgen für die Mitgliedstaaten haben, muss die Arbeit umsichtig und vorsichtig getan werden.

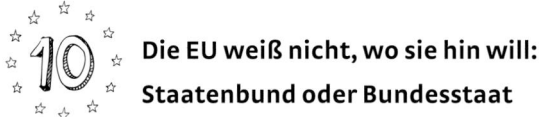 **Die EU weiß nicht, wo sie hin will: Staatenbund oder Bundesstaat**

Das braucht die EU auch nicht zu wissen. Die Union ist in Bewegung und entwickelt sich immer weiter. Die EU garantiert seit 70 Jahren Frieden, Freiheit und Wohlfahrt für die Mitgliedstaaten. Das ist doch einiges!

Diese Argumente stammen aus einem Artikel der Zeitschrift Cicero (2011).

WEITERDENKEN

Europa steht vor einer großen Herausforderung. In vielen Mitgliedstaaten zweifeln Bürger am "Nutzen von Europa". Kostet Europa uns mehr als es uns bringt? Natürlich nicht. Aber es ist nicht einfach, die Vorteile der EU genau und überzeugend zu beweisen.

Frieden, Freiheit und Wohlfahrt sind keine leeren Worthülsen. Diese Begriffe bekommen wieder ihren Sinn, wenn wir die Menschen sehen, die vor Krieg, Armut und Terror fliehen. Sie fliehen nach Europa. Europa ist für Menschen weltweit ein Begriff. Die EU bietet für über 500 Millionen Einwohner ein Gebiet, in dem man in Frieden, Freiheit und Wohlstand leben kann. Damit das so bleibt, wird die Soziale Demokratie sich bleibend für ein sicheres und soziales Europa einsetzen.

Ein soziales Europa kommt nicht von allein. Europa braucht Menschen, die sich dafür einsetzen. Menschen, die an Europa glauben. Weil sie unsere europäische Geschichte kennen, weil sie die europäische Vision teilen, weil sie an unsere gemeinsame europäische Zukunft glauben.

MEHR WISSEN?

Möchten Sie mehr wissen über Soziale Demokratie?
Die Akademie für Soziale Demokratie hat verschiedene Angebote.

Soziale Demokratie – Kurz und Klar
Deutlich, praktisch, schnell: In der Buchreihe *Soziale Demokratie – Kurz und Klar* geht es sofort zur Sache. Neun Themen, neun Bücher, neun Mal Übersicht. Der ideale Einstieg in das Denken und Handeln der Sozialen Demokratie.

Filme
Die Lehrfilme der Akademie für Soziale Demokratie bieten einen schnellen ersten Einblick in die verschiedenen Themenfelder. Klicken, zuschauen und nach wenigen Minuten die ersten eigenen Fragen finden. Siehe www.fes-soziale-demokratie.de/filme.html

Seminare

Zu allen Themen bietet die Akademie für Soziale Demokratie deutschlandweit Seminare an. Hier können Sie sich mit Wissenschaftlern, Politikern und anderen Engagierten austauschen.

In acht Modulen besprechen wir, was Soziale Demokratie im 21. Jahrhundert bedeutet und wie sich die Grundwerte der Sozialen Demokratie auswirken. Jedes Seminar ist einzeln buchbar.

Alle Angebote der Akademie für Soziale Demokratie gibt es auch auf dem Handy. Sie können einfach die App *FES Soziale Demokratie* herunterladen.

Lesebücher der Sozialen Demokratie

Die Lesebücher der Sozialen Demokratie bieten die Möglichkeit, sich ausführlicher mit den Themen auseinanderzusetzen.
Sie bieten Zugänge aus Theorie und Praxis.

Hörbücher

Die Hörbücher der Sozialen Demokratie bauen auf den Lesebüchern der Sozialen Demokratie auf. Das Format Hörbuch bietet Gelegenheit zum Nachhören und Nachdenken – zu Hause, unterwegs und wo immer Sie mögen.